इतिहास-चक्र

(व्यंग्य नाटक)

इतिहास-चक्र

दया प्रकाश सिन्हा

वाणी प्रकाशन

वाणी प्रकाशन
4695, 21-ए, दरियागंज, नयी दिल्ली 110 002
फ़ोन : +91 11 23273167 फ़ैक्स : +91 11 23275710
शाखाएँ
अशोक राजपथ, पटना 800 004, बिहार
कॉफ़ी हाउस कैम्पस, महात्मा गांधी मार्ग, इलाहाबाद 211 001, उत्तर प्रदेश
महात्मा गांधी अन्तरराष्ट्रीय हिन्दी विश्वविद्यालय, वर्धा 442 001, महाराष्ट्र
www.vaniprakashan.in
marketing@vaniprakashan.in
sales@vaniprakashan.in

ITIHAAS CHAKRA
by Daya Prakash Sinha

ISBN : 978-81-8143-313-8
Play

प्रथम संस्करण 1973
द्वितीय संस्करण 2005
तृतीय संस्करण 2018

मूल्य : ₹ 125

एम.एस. प्रिंटर्स, दिल्ली-110 095 में मुद्रित

वाणी प्रकाशन का लोगो मक़बूल फ़िदा हुसेन की कूची से

मैं कदाचित पाँच-छह वर्ष का था जब अपने पिता श्री अयोध्या नाथ सिन्हा को, उत्तर-प्रदेश के उस छोटे से नगर फ़र्रूखाबाद में द्विजेन्द्र लाल राय के नाटक ''चन्द्रगुप्त'' में चाणक्य की भूमिका अभिनीत करते देखा था। उनके अभिनय के कुछ सजीव दृश्य आज भी स्मृति में अक्षुण्ण और सुरक्षित हैं। उन्हीं दृश्यों को समर्पित हैं यह नाटक।

—दयाप्रकाश सिन्हा

कुछ प्रश्न-नाटकीय

पाठकों, अभिनेताओं, निर्देशकों और नाट्य-अध्येताओं के सम्मुख यह नाटक प्रस्तुत करते समय कुछ प्रश्न उठ रहे हैं, जो आज के नाटक और रंगमंच के सन्दर्भ में अर्थपूर्ण हो सकते हैं।

क्या जिस नाटक में जीवन का यथार्थवादी चित्रण हो, वह श्रेष्ठ होता है? यथार्थवादी-चित्रण, जीवन को दर्पण की भाँति प्रतिबिम्बित करने वाली क्षमता ही क्या नाटक की श्रेष्ठता का प्रमाण है?

अथवा नाटक तब श्रेष्ठ होता है, जब उसमें यथार्थ का चित्रण साधारण फ़ोटो-चित्र न होकर, आधुनिक 'एब्स्ट्रेक्ट' चित्रकला की भाँति विकृत, व्याकृत एवं विरूप होता है?

या फिर नाटक की श्रेष्ठता उसकी सहज बोधगम्यता में निहित होती है? नाटक के प्रारम्भ में चरित्रों से परिचय, कथानक की निश्चित अन्त की ओर प्रगति, सस्पैन्स, कथानक का चरम और अन्त। एक सुनियोजित 'कर्व' में चलती हुई कथा?

या फिर वह नाटक जिसकी कथा एक क्रम में नहीं चलती? नाटक की कथा का विकास-क्रम कुछ इस तरह से टूटा, तोड़ा हुआ, कि बाद की कथा नाटक के शुरू में, और शुरू की कथा नाटक के बाद में? आगे पीछे के क्रम को तोड़ देना ही क्या नाटक की श्रेष्ठता का मापदंड है?

या कि नाटक की श्रेष्ठता शब्दों में है? कवित्वमय? शुद्ध? स्फटिक से उज्ज्वल? वज़नदार? अर्थपूर्ण? सारगर्भित? विद्वत्तामय? पांडित्यपूर्ण? सहज सरल–रवानगी से भरे? या कि शब्द–कृपणता, शब्दहीनता ही नाटक की कसौटी है?

या फिर रंगमंच में ऐसा कुछ है, जो नाटक को श्रेष्ठ बनाता है?

कदाचित् दृश्य-बंध? यथार्थपरक दृश्य-बंध! यदि गाँव का दृश्य हो तो ऐसा लगे कि हम सचमुच गाँव में चले आये हैं। मिट्टी की दीवारों के घर, उन पर असली गाँव से लायी हुई असली खपरेल की छत, एक असली पुआल का ढेर, खूंटे से बंधी हुई असली गाय, और उससे गिरता हुआ असली गोबर? अब कुछ बात बनी।

या फिर कुछ प्रतीक? पेड़ के स्थान पर कार्ड-बोर्ड को काट कर और रंगकर तैयार किया हुआ शैलीबद्ध वृक्ष, जो पीछे लगे चीड़ के डंडे के सहारे कहीं भी खड़ा किया जा सकता है? और राजमहल की जगह कार्ड-बोर्ड का चित्रित स्तंभ? यथार्थवादी दृश्य-बंध की जगह कुछ प्रतीक रखकर निर्देशक ने मैदान जीत लिया और नाटक को महानता का तमग़ा मिल गया?

या फिर प्रतीकों को भी हटाकर, सूने सपाट रंगमंच पर, काले पर्दे के आगे केवल एक कुर्सी, स्टूल या लकड़ी के क्यूब डालकर नाटक कर लिया और नाटक में क्रान्ति का श्रेय प्राप्त कर लिया?

या फिर नाटककार और निर्देशक की कलाबाजी? पाँच अभिनेताओं द्वारा एक ही चरित्र की भूमिका में अभिनय अथवा पाँच भूमिकाओं में एक ही अभिनेता द्वारा अभिनय? सुनियोजित परम्परागत नाटक में मुख्य-पात्र द्वारा प्राक्कथन– बोरे में मखमल के पैबन्द-सा, या सिल्क की साड़ी में टाट की झालर-सा! या फिर बीच-बीच में पात्रों द्वारा स्वगत-भाषण अथवा दर्शकों को संबोधन? या फिर दर्शकों और अभिनेताओं के बीच सुनियोजित संवाद? या फिर जापानी लोकमंच की रूढ़ि के अनुसार पात्रों का प्रेक्षागृह से मंच पर प्रवेश और वापसी? कुछ नहीं मिला तो एक अदद सूत्रधार?

या फिर नाटक की सफलता का रहस्य प्रेक्षागृह में दर्शकों के बैठाने की योजना में है? यदि दर्शक मंच के सामने बैठते हैं, तो वह हीन नाटक? यदि वह मंच के तीन तरफ बैठते हैं, तो वह साधारण नाटक? और मंच के चारों ओर बैठते हैं, तो वह श्रेष्ठ नाटक?

यह सब कुछ नहीं तो स्लाइड द्वारा चित्रों के प्रदर्शन से अत्याधुनिक नाटक का दर्जा मिल सकता है? एक तो करेला, उस पर नीम चढ़ा! स्लाइड चित्रों का ऊट-पटांग संयोजन, जैसे गांधी जी के चित्र के साथ

बंडे, टिंडे, घिया, अरबी बैंगन, फिर ताजमहल के साथ डस्टबिन। हो गया न काम? या काम तमाम?

शायद मैं गलत हूँ? मेरी खोज ही ग़लत है। मेरी तलाश की दिशा ही उल्टी है। मैं सार्थक, सफल और श्रेष्ठ नाटक की खोज, नाटक और रंगमंच के तत्वों में संवाद, कथानक, दृश्यबंध, संगीत, रूप-सज्जा, समूहन इत्यादि में कर रहा था, जब कि वह कुछ ज्यादा पढ़े-लिखे समालोचकों के अनुसार इनमें है ही नहीं? कुछ वैसी ही बात हुई जैसी कि अंधे द्वारा अंधेरे कमरे में उस काली बिल्ली की तलाश, जो कि वहाँ नहीं है। उनके अनुसार श्रेष्ठता और सार्थकता रंगमंच में नहीं, अपितु इंगलेण्ड और अमेरिका में है, या उन यूरोपीय नाटकों में है जो अंग्रेजी के माध्यम से हमें प्राप्त होते हैं? जो हिन्दी नाटक समकालीन एंग्लो-अमेरिकन नाटकों और नाट्य-आंदोलनों को जितना अधिक ग्रहण करता है, वह उतना ही अधिक श्रेष्ठ होता है? अगर पश्चिम में 'एब्सर्ड' नाटक का बोल है, हम भी वही ढोल बजायें? उनके पास 'न्यू-वेव' है, तो हमारे नाटक भी उससे भीगे हों। यदि वहाँ मानसिक ग्रन्थियों का विमोचन हो रहा है तो हमारे नाटकों में भी मनोचिकित्सक दिखाई दें। तो यह है, नाटकों की श्रेष्ठता का राज—पश्चिमी नाटकों का प्रभाव या नक़ल?

या फिर नाटक को श्रेष्ठ बनाने का सबसे सस्ता, सुगम नुस्खा नाटककार के हाथ में है? उसने नाटक को रूढ़िगत दृश्यों और अंकों में विभाजित न करके, खण्डों और अध्यायों में विभाजित करके लीक से हटा, परम्परा से विद्रोही, युग-प्रवर्तक नाटक सृजित कर दिया?

या फिर कोई तत्व, कोई भी रूढ़ि, कोई भी योजना, परम्परा या उनसे विद्रोह अपने आप में नाटक की श्रेष्ठता का प्रमाण नहीं है? केवल वही नाटक श्रेष्ठ है, जिसका मंचाभिनय सृजन के उस चरम-बिन्दु का स्पर्श करता है, जहाँ अभिनेता और प्रेक्षक सृजनानुभूति में बराबर की भागेदारी अनुभव करते हैं?

मेरी विनम्र आशा है कि यह प्रश्न, मेरे ही नहीं, अपितु अन्य नाटककारों के नाटकों के भी उचित मूल्यांकन में सहायक होंगे।

दिल्ली
दिसम्बर—1972

दयाप्रकाश सिन्हा

द्वितीय संस्करण की भूमिका

इतिहास-चक्र एक युद्ध विरोधी नाटक है। राजा, कुबेर, मोहिनी, पत्रकार, सेनापति आदि के सांकेतिक चरित्रों के माध्यम से यह उन कारणों का अन्वेषण करता है, जिनके कारण समय-समय पर युद्ध होते रहते हैं।

हर व्यक्ति जीना चाहता है। भरपूर जीना चाहता हैं जीने की अदम्य इच्छा उसे हर पल प्रेरित करती है। फिर क्यों अचानक आनन्दकामी ओर सुखकामी व्यक्ति मौत का सौदागर बन कर युद्ध की विभीषिका से मानवता पर मृत्यु की स्याही बिखेरने लगता है? इसके अनेक कारण हैं : क्लिष्ट और संश्लिष्ट। फिर भी इतिहास-चक्र अकादमिक, पांडित्यपूर्ण, विवेचना और विश्लेषण के बोझ से मुक्त है। मैंने अमूर्ति सत्य और तर्कों को सरल, सहज और बोधगम्य नाटकीय मुहावरे के माध्यम से खोजने का प्रयत्न किया है। मुझे प्रसन्नता है कि मेरी बात दर्शकों तक पहुँच सकी और उन्होंने इसको सराहा।

नाटक का साहित्य और रंगजगत, दोंनो ही में भरपूर स्वागत हुआ। मुझे देश के रंगकर्मियों के नाटक को अपने नगर में मंचस्थ करने की स्वीकृति मांगते हुए अनेक पत्र प्राप्त हुए। एक अपरिचित पाठक ने मेरा नाटक 'कन्नड़' में अनुवाद करके और प्रकाशित करके मुझे भेजा। मारिशस गया तो पता लगा कि मैं वहाँ अपरिचित नहीं हूँ। मेरे छह नाटक वहाँ प्रस्तुत किए जा चुके हैं। विनय दसोई से परिचय हुआ। उन्होंने 'इतिहास-चक्र निर्देशित किया था। वह नाटक की प्रशंसा करते थकते नहीं थे।

यह मेरी अपनी उदासीनता थी जिसके कारण दूसरा संस्करण इसके पहले प्रकाशित नहीं हो सका। व्यक्तिगत जीवन मे आई आंधियाँ और

तूफानों के बीच जमीन पर पैर टिकाए रखना मुश्किल हो गया था, उसमें रचनात्मकता कहाँ से लाता। कुछ नहीं लिखा, बरसों-बरसों तक। विमोह और उदासीनता ने घेर रखा था। फिर भी, इस सबके बीच, राख के ढेर के नीचे, कहीं जिजीविषा की हल्की सी चिन्गारी बराबर जीवित रही। वह बुझ न सकी। तब ही इतने वर्षों बाद इतिहास-चक्र की भूमिका लिख रहा हूँ।

नाटक सामान्य (वेलमेड) नाटक की श्रेणी में नहीं आता। इसमें कथ्य और संरचना दोंनो में ही प्रयोग हैं। और यह प्रयोग सफल हुआ, क्योंकि मैंने स्वयं इसे निर्देशित करके, इसे मंच पर जाँचा परखा है। इसकी प्रथम प्रस्तुति में, मैं सूत्रधार की भूमिका में भी था।

आज जब विश्व में एक बार पुनः युद्ध के बादल गरज रहे हैं, आतंकवाद का ताण्डव विश्व में विनाश लीला रच रहा है और ''सभ्यता का संघर्ष'' घटित होता दिखाई पड़ रहा है, तब इतिहास-चक्र जैसे युद्ध-विरोधी नाटक की पहले से अधिक सार्थकता है।

दिल्ली **दयाप्रकाश सिन्हा**
2-5-2004

'इतिहास-चक्र' में 'अनामी'
(अखिलेश खन्ना)
तथा 'कुबेर' (अशोक निशेश)

'इतिहास-चक्र' में 'अनामी'
(अमर स्नेह)
तथा 'राजा' (जे. पी. वर्मा)

'इतिहास-चक्र' में 'मोहिनी' (रश्मि दर) तथा अनामी (अमर स्नेह)

'इतिहास-चक्र' : एक दृश्य

'इतिहास-चक्र' : 'राजा' (जे. पी. वर्मा) तथा 'मोहिनी' (रश्मि दर)

यह नाटक सर्वप्रथम 'शतरूप' द्वारा फाइन आर्ट्स थियेटर, नई दिल्ली में 11 तथा 12 अक्तूबर, 1972 को मंचित किया गया, जिसमें निम्नांकित रंगकर्मियों ने भाग लिया—

पत्नी	कंचन लता
मोहिनी	रश्मि दर
राजा	ज्वालाप्रसाद वर्मा
कुबेर	वैकुण्ठनाथ चतुर्वेदी
पत्रकार	जीत शर्मा
अनामी	अमर स्नेह
बाबू	राजेश रायजादा
सूत्रधार	दयाप्रकाश सिन्हा

निर्देशन
दया प्रकाश सिन्हा

इतिहास-चक्र

पात्र

राजा

कुबेर

मोहिनी

पत्रकार

बाबू

पत्नी

अनामी

सूत्रधार : जो अपनी भूमिका के अतिरिक्त, अखबार वाले, पत्रकार के मैनेजर, कुबेर के चपरासी, राजा के सचिव, रेडियो-उद्घोषक, बेयरा, सेनापति आदि की भी भूमिकाएँ निबाहता है।

इतिहास-चक्र

समय : वर्तमान
स्थान : सर्वदेशीय
मंचसज्जा :

मंच तीन स्तरों में विभाजित है। गगनिका (साइक्लोरामा) के निकट मंच का सबसे ऊंचा स्तर है, जिस पर ठीक बीच में राजा की ऊंची पीठ की कुर्सी रखी है। कुर्सी के पीछे झंडे का डंडा लगा है। झंडा नहीं है। कुर्सी के पास एक छोटी मेज़ पर एक फौजी अफसरों वाली टोपी रखी है।

सबसे ऊंचे स्तर के आगे मिला हुआ मंच का मध्य स्तर है, जिस पर एक तरफ कुबेर की मेज़ और घूमने वाली कुर्सी पड़ी है। पास ही मोहिनी की कुर्सी भी पड़ी है। तथा दूसरी तरफ पत्रकार की छोटी मेज़ और एक कुर्सी है।

इसके आगे दर्शकों के निकट, मंच का सबसे नीचा स्तर (जोकि मंच का मौलिक स्तर है) स्थित है। इस पर एक तरफ पार्श्वक (विंग) के निकट एक चीड़ का बक्स रखा है, जिस पर एक अधबिनी डलिया रखी है। यह चीड़ का बक्स अनामी के बैठने का स्थान है। इसी तल पर दूसरी तरफ के पार्श्वकों के निकट

दो बेंत की कुर्सियाँ बाबू तथा उसकी पत्नी की अभिनय-इकाई इंगित करती हैं।

राजा, कुबेर, पत्रकार, बाबू और अनामी की अभिनय इकाइयों को पृथक करने वाली दीवार नहीं है। इनकी पृथक सत्ता अभिनय और प्रकाश परिचालन द्वारा स्थापित होती है।

इन पांचों इकाइयों में एक समय में केवल एक में अभिनय होता है। उस समय अन्य इकाइयों में अभिनेता ऐसे जड़ (फ्रीज) हुए दिखाई देते हैं, कि एक रोचक जड़-चित्र प्रस्तुत करते हैं । सूत्रधार इन पाँचों अभिनय-इकाइयों को एक सूत्र में पिरोता हुआ, उनमें सामंजस्य स्थापित करता है। साथ ही अखबार वाले, मैनेजर ,कुबेर के चपरासी तथा बेयरा, राजा के सेक्रेटरी, रेडियो-उद्घोषक, सेनापति आदि का भी अभिनय करता है।

कोई भी अभिनेता मंचोपकरण अथवा व्यक्तिगत उपकरणों का प्रयोग नहीं करता। इनकी उपस्थिति और प्रयोग मूक-अभिनय द्वारा स्थापित होते हैं।

प्रारम्भ : गगनिका पर नीली आभा।

दर्शकों की तरफ पीठ किये समस्त अभिनेता एक पंक्ति में बीच मंच पर खड़े हैं। पूरे मंच पर अंधकार है, सिवाये एक प्रकाश के वृत्त के, जो दर्शकों के निकट, मंच पर, एक कोने में 'विंग्स' (पार्श्वक) के पास खड़े सूत्रधार को उद्भासित करता है। सूत्रधार के हाथ में पुस्तक है, जिसको वह पढ़ रहा है। उसके सामने एक छोटा-सा स्टूल रखा है, जिस पर स्प्रिंगदार घंटी रखी है, जिससे टेलीफोन की घंटी बजाने का ध्वनि-प्रभाव उत्पन्न किया जा सकता है।

पुस्तक पढ़ते हुए सूत्रधार उसका पन्ना पलटता है, तब

ही उसकी निगाह दर्शकों पर जाती है। वह पुस्तक समाने स्टूल पर रखकर बीच मंच पर आता है। मंच का आगे का आधा भाग प्रकाशित हो जाता है।

सूत्रधार : नमस्कार! मैं सूत्रधार हूँ। नाटक अब प्रारंभ होने जा रहा है, इसलिए प्राचीन भारतीय नाटकों की परम्परा में मैं शिव की प्रार्थना करूंगा। **(हाथ जोड़कर आँख बन्द करता है, किन्तु तुरन्त ही आँख खोल देता है)** क्षमा कीजियेगा। मैं भूल ही गया। समय के अन्तराल से मनुष्य के मूल्य परिवर्तित हो जाते हैं। संभव है, आप लोग में से बहुत से लोग शिव पर विश्वास न करते हों। वे लोग किसी अन्य देवता में विश्वास कर सकते हैं, या किसी भी देवता में नहीं। वे केवल स्वयं पर विश्वास करके मनुष्य की शक्ति प्रतिष्ठित कर सकते है। तो आइये, हम सब अपनी-अपनी आस्थानुसार एक क्षण आँख बन्द कर उस शक्ति का स्मरण करें, जो हमें जीवन संघर्ष में बल देती है **(सूत्रधार हाथ जोड़कर आँखें बन्द करता है।)**

(नाटक के सब पात्र अपनी ही जगह घूमकर, दर्शकों की तरफ मुख करते हैं, फिर एक साथ पंक्तिबद्ध हो दो कदम आगे बढ़ते हैं, और प्रकाश-वृत्त में आ जाते है। केवल पत्नी तथा अनामी के अतिरिक्त, अन्य सब पात्र मुखौटे पहने हुए दिखायी पड़ते है। राजा के मुखौटे पर ऐंठी हुई मूंछें, तथा राज-मुकुट है। कुबेर के मुखौटे में व्यवसायी की पगड़ी और कुटिलता है। पत्रकार के माथे पर गिरे बालों में सफेदी तथा बौद्धिक व्यक्ति की दाढ़ी तथा चश्मा है। बाबू के मुखौटे से ताश के गुलाम का आभास होता है। मोहिनी के मुखौटे से नगरवधू का चरित्र उजागर होता है। मुखौटे पात्रों के आन्तरिक चरित्र को

अतिरंजित करते हैं, साथ ही यह भी प्रतिष्ठित करते हैं कि अनामी और पत्नी के अतिरिक्त अन्य सब पात्र अपने चरित्र और व्यवहार में दोहरे व्यक्तित्व के हैं। अपने शब्दों तथा व्यवहार से जो वह प्रकट करते हैं, वह असत्य है, बनावटी है। उनकी वास्तविकता कुछ और ही है।)

सूत्रधार : (आँख खोलकर) यह नाटक किसी देश-विशेष की कहानी नहीं है। (मुखौटा लगाये पात्र, अपने-अपने मुखौटे उतारकर हाथ में लेते हैं) यह कहानी है मनुष्य की, जिसने अपनी सुविधा और स्वार्थ के लिए विश्व, महाद्वीप, देश आदि में विभाजित कर दिया। (दर्शकों की ओर घूमकर, उनके हाथ से मुखौटे लेते हुए) यह हैं नाटक के अभिनेता, जो अपने अभिनय-चातुर्य से और आप की जीवन्त उपस्थिति के सहयोग से नाटककार की क्षुद्र कल्पना को साकार रूप प्रदान करेंगे। पहले आप को इनका परिचय दे दूँ। यह है-

राजा : मैं? (घूम कर राजा की कुर्सी के पास जाकर खड़ा होता है। फिर सिकन्दर की मुद्रा में मुट्ठी ऊपर तानता हुआ) मैं राजा हूँ।

(अन्य अभिनेता राजा के दोनों ओर दरबारियों की भाँति हाथ बांध कर खड़े होते हैं।)

सूत्रधार : हाँ यह राजा हैं। इन्हें आप किसी भी नाम से पुकार सकते है। कबीले के सरदार, प्रधान, मुखिया, क्षत्रप, राजा, राना, ज़ार, लुई डिक्टेटर, राष्ट्रपति, प्रधानमंत्री, या कुछ और। कहते हैं राजा के सर पर कांटों का ताज होता है। इनके जीवन में शान्ति नहीं। यह न ठीक से खा पाते हैं न सो पाते हैं। दिन-रात काम और चिन्ता में मग्न रहते हैं। क्यों? किसलिये सहन करते हैं कांटों से भरा जीवन ?

राजा : देश के लिये! मानव भविष्य के लिये! विश्व शान्ति के लिये!

सूत्रधार : मैं बताता हूँ। केवल सत्ता के लिये। आत्मगौरव के लिये। (कुबेर मंचाग्र पर आता है, अन्य अभिनेता अपने स्थानों पर जाते हैं केवल बाबू नेपथ्य में जाता है।)

कुबेर : मैं कुबेर हूँ। (व्यावसायिक नम्रता से) आपका सेवक।

सूत्रधार : इनकी बातों में न आइयेगा। यह आपके सेवक नहीं, केवल धन के सेवक हैं। धन वह चाहे रूपया हो, डालर या पाउंड हो, येन या फ्रेंक हो, इनका देवता है। ये लक्ष्मी के मन्दिर के बड़े पुजारी। सोने की चमक से वह जीवन की सार्थकता नापते हैं। ...एक कहानी याद आ गई। ऐसे ही किसी लक्ष्मी-भक्त की मृत्यु के बाद भगवान ने उससे पूछा—(कुबेर से) तुम्हें कहाँ भेज दूँ—स्वर्ग या नरक?

कुबेर : हि हि हि'''जहाँ दो सिक्कों का फायदा हो, वहीं भेज दीजिये।

सूत्रधार : कहते हैं लक्ष्मी का वाहन उल्लू होता है। उल्लू की आँखे अंधेरे में भी देख लेती हैं। इनकी व्यापार बुद्धि, हर स्थिति में देख लेती है कैसे बनेंगे दो सिक्के।

(कुबेर अपनी कुर्सी पर जाता है। प्रकाश की रेखा मोहिनी पर पड़ती है।)

सूत्रधार : (दर्शकों से) इनको नहीं पहचाना?

मोहिनी : मैं मोहिनी हूँ।

सूत्रधार : नारी का यह रूप समुद्र-मंथन में निकला था। अपने रूप की शक्ति से सजग, नारी के इस रूप में विष और अमृत का अभूत पूर्व मिश्रण है। अपने नागिन से चिकने जहरीले सौंदर्य के द्वारा अचेत कर, यह देवासुर संग्राम में किसी को अमृत और किसी को केवल सूखी मुस्कान बाँटती है। राज-सत्ता और धन-लिप्सा के क्रूर खेलों में

यह पुरूषों के साथ खुल कर खेलती है—बुद्धि से नहीं, शौर्य नहीं अपने नयनों के कटाक्ष से, अपने यौवन से, अपने मांसल आकर्षण से। क्या आपने विष-कन्या का नाम नहीं सुना?

(सूत्रधार के इन शब्दों को मोहिनी नृत्य-मुद्राओं से रूपायित करती है।)

(प्रकाश की रेखा मोहिनी से हटकर पत्रकार पर पड़ती है।)

सूत्रधार : कोई साधारण व्यक्ति साधारण मनुष्य के समान जीवन यापन करे, तो इन्हें उसमें कोई रूचि नहीं। कोई साधारण व्यक्ति असाधारण नैतिकता का परिचय दे, तब भी इनको मज़ा नहीं आता। लेकिन अगर कहीं चोरी हो जाये, डाका पड़ जाये, बलात्कार हो जाये,आग लग जाये, किसी की बीवी भाग जाये, कोई कुंवारी माँ बन जाये, भ्रूण-हत्या हो जाये, रात के अंधेरे में—पार्क के कोने में—काम -क्रियामग्न कोई जोड़ा पकड़ा जाये, तो इनकी लार टपक पड़ेगी।

पत्रकार : **(क्रोध से)** आप कैसी बातें करते हैं?

सूत्रधार : क्या मैं झूठ कह रहा हूँ?

पत्रकार : जनता जो चाहती है वह हम देते हैं।

सूत्रधार : राम भजये। भला मेरी इतनी हिम्मत हो सकती है। मैं तो सिर्फ दो ही से डरता हूँ—ऊपर कर्त्तार, नीचे पत्रकार। **(अबोधता से)** इसमें मेरा कोई दोष नहीं। मैं तो नाटककार के दिये शब्द कह रहा हूँ।

पत्रकार : मैं नाटककार को नष्ट कर सकता हूँ।

सूत्रधार : कैसे?

पत्रकार : उसके नाटक की कड़ी आलोचना कर के, उसके व्यक्तिगत जीवन पर कीचड़ उछाल कर या...

सूत्रधार : या?

पत्रकार : उसको‘इग्नोर‘ करके। वह अपने आप ही खत्म हो

जायेगा।

सूत्रधार : (दर्शकों से) यह तो बहुत ही खतरनाक आदमी हैं। **(प्रकाश की रेखा पत्रकार से हट कर बाबू पर आती है।)**

सूत्रधार : आप कौन हैं?

बाबू : मैं एम॰ए॰ पास हूँ।

सूत्रधार : मैंने आपकी शिक्षा नहीं पूछी थी।

बाबू : मैने तीन विषयों में एम॰ए॰ किया है।

सूत्रधार : ओह!

बाबू : हिस्ट्री, फिलोस्फ़ी, और पोलिटिक्स! मेरी समाज-सेवा में भी रूचि है।

सूत्रधार : अच्छा। आपने क्या समाज सेवा की है अब तक?

बाबू : मेरे पास सोशल सर्विस में डिप्लोमा है।

सूत्रधार : बस डिप्लोमा। **(दर्शकों से)** इनके पास डिग्री और डिप्लोमा तो इतने हैं कि एक गधे का बोझ जरूर होगा।

बाबू : मेरी कलम में ताकत है। साँप का काटा बच जाये, मेरी कलम का मारा नही बच सकता।

सूत्रधार : **(दर्शकों से)** कलम की नोंक ज़रा मोथरी पड़ गई है।

बाबू : मैं मध्यमवर्ग का हूं। मध्यवर्ग समाज की रीढ़ होता है।

सूत्रधार : **(व्यंग्य से)** बस रीढ़ थोड़ी टेढ़ी पड़ गई है।

बाबू : समाज का नैतिक स्तर मध्यवर्ग निश्चित करता है। नैतिकता का वह प्रहरी है।

सूत्रधार : कैसे?

बाबू : पड़ोसी से प्रेम करो।

सूत्रधार : **(दर्शकों से)** अर्थात पड़ोसी की पत्नी और बहन से प्रेम करो।

बाबू : ईमानदारी से रहो।

सूत्रधार : रिश्वत लो, लेकिन छिप कर।

बाबू : पत्नी का आदर करो।

सूत्रधार : अगर उसे न मालूम पड़े तो दो एक प्रेमिकायें और चार छै फ़्लर्टेशन जायज है। (व्यंग्य से) यह है इनकी नैतिकता। (बाबू से) आपने बताया नहीं, आप कौन है?

बाबू : जी?

सूत्रधार : आप क्या काम करते हैं?

बाबू : मैं बड़े दफ्तर में असिस्टैन्ट हूँ।

सूत्रधार : बड़े दफ्तर में छोटा बाबू। लेकिन इन्हें कम न समझियेगा। जितना ही छोटा उतना ही खोटा। राज चाहे गोरों का हो या कालों का हो, भूरे लोगों का, पीलों का, शासन की कठ-पुतली नचाने के लाल फीते इन्हीं की उंगलियों में होते हैं। मिटते हुए मध्यवर्ग के गिरते हुए प्रतिनिधि, जिनको जली रस्सी में अब भी ऐंठन दिखाई पड़ती हैं।

(प्रकाश की रेखा बाबू से हटकर पत्नी पर जाती है।)

सूत्रधार : आपका परिचय?

पत्नी : **(घबराकर)** जी? **(कंधे पर पड़े पल्ले को सर पर रखती है। साड़ी अपने चारों ओर ठीक से लपेटती है।)**

सूत्रधार : आप अपना परिचय दीजिये।

(पत्नी सूत्रधार को देखकर, उसकी तरफ पीठ करके, सर झुका के खड़ी हो जाती है।)

सूत्रधार : नारी का यह भी एक रूप है। बेजबान। यह पत्नी है। यह माँ है। इसका संसार घर की चहारदीवारी में समा गया है। फिर इन्हें तो आप स्वयं भी अच्छी तरह जानते हैं।

(प्रकाश की रेखा पत्नी से हट कर अनामी पर पड़ती है।)

सूत्रधार : तुम्हारा नाम।

अनामी : **(आश्चर्य से)** मेरा नाम?

सूत्रधार : हाँ, हाँ तुम्हारा नाम। तुम्हें आश्चर्य क्यों हो रहा है? तुम्हारा नाम क्या है?

अनामी : मेरा नाम!

सूत्रधार : क्या तुम्हारा कोई नाम नहीं है?

अनामी : मेरा नाम क्या? जिसने जो चाहा नाम रख दिया।

सूत्रधार : मैं तुम्हें किस नाम से पुकारूँ?

अनामी : जिस नाम से चाहो पुकारो। बचपन में मेरी सूरत बन्दर से मिलती थी, इसलिये अम्मा बन्दर कहती थी। मुझे भूख बहुत लगती थी लोग पेटू कहने लगे। गांव के लोग 'बड़कू के बिटवा' कहते थे। हमारी घर वाली मुन्ने के बप्पा कहती है। शहर में मजदूरी करता हूँ। तो लोग कहते हैं–ऐय, ओय, ओ आदमी, देहाती। तुम भी कुछ नाम रख लो।

सूत्रधार : तुम्हारा कोई नाम नहीं। मैं तुम्हें अनामी कहूंगा।

अनामी : **(बीड़ी निकालते हुए)** चलो एक नाम और मिल गया। बीड़ी पिओगे?

सूत्रधार : नहीं।

अनामी : तुम बीड़ी क्यों पिओगे। तुम तो सिगरेट पीते हो।

सूत्रधार : बीड़ी पीने वाला वर्ग और सिगरेट पीने वाला वर्ग। दोनों में कितना अन्तर है। **(अनामी से)** अच्छा भाई अनामी। तुम बीड़ी पीने का पैसा कहां से लाते हो?

अनामी : **(क्रोध से)** तुम समझते हो–चोरी करता हूँ? अरे बाबू! दिन भर मेहनत मजदूरी करता हूँ, तब बीड़ी पीता हूँ। यह पसीने की कमाई है; हाँ। **(तैश में प्रस्थान)**

सूत्रधार : तो यह हैं हमारे नाटक के पात्र। इन्हें आपने अलग-अलग देखा। किन्तु परिवेश से कटा व्यक्ति संपूर्ण नहीं होता। उसके व्यक्तित्व की समग्रता उसके परिवेश के सन्दर्भ में ही जानी जा सकती है। तो आइये, देखें कहां हैं ये

लोग...(प्रस्थान)

(पत्नी अपने मकान में कुर्सी पर बैठ कर किताब पढ़ती दिखाई पड़ती है। बीच बीच में ऊब प्रदर्शित करने के लिये वह जम्हाई लेती है। राजा अपनी कुर्सी पर जा बैठा है। कुबेर कुर्सी पर बैठा, पास खड़ी मोहिनी द्वारा दिखाये जा रहे हिसाब के कागजों को देख रहा है। पत्रकर हथेली में सिर रखे, मेज पर कोहनी टिकाये बैठा है। अनामी बीड़ी पीता हुआ दिखाई पड़ता है। केवल पत्नी को छोड़ कर अन्य सब दृश्य-इकाइयां जड़ हैं।)

(बाबू नेपथ्य से प्रवेश करके अपने घर में जाता है।)

पत्नी : (जम्हाई रोकती हुई) तुम आ गये ?

बाबू : (खीझकर) तुम्हारा नाम भी लिख लिया जाये?

पत्नी : कहां?

बाबू : अंधों की लिस्ट में। दिखाई नहीं पड़ता। (वितृष्णा से) चाय लाओ।

पत्नी : लाती हूँ।

बाबू : लाती हूँ। जाने के लिये क्या सायत देखी जायेगी?

पत्नी : (अनिच्छा से उठते हुये) उंह! (नेपथ्य में जाती है और चाय का प्याला लेकर लौटती है।)

बाबू : (चाय की चुस्की लेकर) ज़बान जला दी।

पत्नी : थोड़ी ठंडी हो जाने दो।

बाबू : शक्कर तो डाली ही नहीं। बुड्ढी होने को आई, लेकिन चाय बनाना नहीं आया। कुत्ते की दुम बारह साल तक ज़मीन में गाड़े रहो, रहेगी साली टेढ़ी की टेढ़ी।

अखबार : (दर्शकों के बीच से मंच पर चढ़ता है) अखबार। आज की ताज़ा ख़बर। गर्मागरम खबर। मसालें-दार खबर। कड़ाकेदार खबर। अखबार। अखबार। (दर्शकों से) कोई अखबार लेने वाला नहीं। इस मुल्क में कुछ

नया नहीं है। सब कुछ बासी हो गया है। किसी को अखबार पढ़ने में मज़ा नहीं आता। **(शिथिल स्वर में आवाज़ लगाते हुये)** अखबार। ताजी खबर। गर्मागरम ख़बर... **(प्रस्थान नेपथ्य में)**

कुबेर : **(हिसाब की कापी देखते हुये)** क्या देखूँ? सब कुछ गलत-सलत है। **(हिसाब की कापी फेंक कर)** आखिर तुम किस मर्ज की दवा हो। मैं तो सफेद हाथी पाल रहा हूँ। **(सख्ती से)** देखिये मिस मोहिनी। मैं आपका बाप नही हूँ जो हमेशा खिलाता रहूं। सम्हल जाओ, नहीं तो रास्ता नापती दिखाई पड़ोगी।

(मोहिनी रोती है।)

कुबेर : **(झुंझला कर)** यह... यह क्या,? टस्सुए निकाल दिये।

मोहिनी : पहले तो तुम मुझसे कभी इस तरह नहीं बोलते थे।

कुबेर : अरे रे, चुप हो जाओ। बिजनेस का हाल देखती हो, साला बाजार तो गेंद जैसा लुढ़कता जा रहा है रसातल को। **(टेलीफोन की घंटी बजती है)** हाँ... हां ठीक है। बेच दो। ...हाँ उसे भी बेच दो। हाँ...हाँ...घाटे पर ही सही। जो भी अभी मिलता है ले लो। कल वह भी नहीं मिलेगा। **(टेलीफोन रख कर)** स्लम्प का यह हाल है। इसमें कोई कैसे दिमाग ठीक रख सकता है। **(अचानक क्रोध से चिल्लाते हुऐ)** मै कहता हूँ, बन्द करो रोना।**(मोहिनी की ओर पीठ मोड़ कर बैठ जाता है। मोहिनी आंखों को आंचल से पोंछती अपनी कुर्सी पर बैठती है। सूत्रधार टेलीफोन की घंटी बजाता है।)**

राजा : **(टेलीफोन उठा कर)** क्या? गया राम फिर गया? **(क्रोध के उबाल में)** बेईमान हैं। स्वार्थी हैं।...आया राम को बुलाओ। **(आत्मविश्वास से)** जल्दी बुलाओ। ...नहीं आता? **(हताश डूबते स्वर)** नहीं आया? गया राम गया। आया राम नहीं आया। **(स्तम्भित सा कुर्सी**

पर बैठ जाता है)

(पत्रकार मेज़ पर बैठा हिसाब में लीन दिखाई पड़ता है। नेपथ्य में टेलीप्रिन्टर चलने की आवाज़ सुनाई पड़ती है)

मैनेजर : जी सर। आपने बुलाया।

पत्रकार : मैनेजर, मैं अखबार के सर्कुलेशन की 'फिगर्स' देख रहा था। पिछले महीने जब हमने सर्कुलेशन बढ़ाने की कोशिश की तो वह बढ़ने की बजाये घट गया।

मैनेजर : सर, अखबार बिकता है .ख़बरों पर। पश्चिम के इस देश में कोई ख़बर नहीं है...

पत्रकार : मन्त्रिमंडल टूटने वाला है। गया राम गया, आया राम आया नहीं?

मैनेजर : यह भी कोई ख़बर है?

पत्रकार : क्यों?

मैनेजर : यह तो रोज़ ही होता है। लोग आया राम और गया राम दोनों से ही ऊब चुके हैं।

पत्रकार : एक आइडिया है।

मैनेजर : जी?

पत्रकार : तुम्हारी शादी हो गई?

मैनेजर : होने वाली है।

पत्रकार : किससे?

मैनेजर : जिस लड़की से मैं प्रेम करता हूँ।

पत्रकार : तुम उसे ले कर भाग जाओ।

मैनेजर : जी? उसके माँ बाप शादी को राज़ी हैं।

पत्रकार : **(अपनी धुन में)** तब तो बनेगी .ख़बर!

मैनेजर : इसमें कोई नई बात नहीं। अक्सर ही प्रेमी प्रेमिका को भगा ले जाते हैं।

पत्रकार : तब तुम किसी...तुम किसी दस ग्यारह साल की लड़की को भगा ले जाओ। मैं धारावाहिक रूप से तुम्हारे अप्राकृतिक प्रेम-प्रसंग को छापूँगा। **(विजय से)** क्यों

ठीक है न?

मैनेजर : ठीक तो...लेकिन मैं जेल से डरता हूँ।

पत्रकार : तब मैं ही फांसी लगा लूंगा। तब तो बनेगी .खबर?

(मैनेजर दर्शकों के निकट आता है और सूत्रधार की भूमिका में हो जाता है।)

सूत्रधार : पश्चिम के इस देश में कोई ख़बर नहीं। ऐसा कुछ नहीं जिससे जीवन में उत्साह की लहर आये। सब कुछ बुझा-बुझा सा है। गिरता हुआ व्यापार, बिखरता हुआ शासन-तंत्र, ऊंघता हुआ समाज।

पत्नी : कुछ बात करो।

सूत्रधार : **(दर्शको से होठों पर अंगुली रख कर)** शान्त **(बाबू दंपति की ओर इशारा करके)** उधर बातचीत हो रही है। **(बाबू दंपति को देखता, मंच पर एक कोने में जा बैठता है।)**

पत्नी : कुछ बात करो।

बाबू : अंऽ?

पत्नी : कुछ बात करो।

बाबू : क्या बात करूं?

पत्नी : तुम्हारे पास कुछ बात करने को नहीं है?

बाबू : मैं क्या कहूँ?

पत्नी : ऐसे चुपचुप अच्छा नहीं लगता।

बाबू : तुम्हीं कुछ बात करो?

पत्नी : मैं क्या बात करूं?

बाबू : तुम्हारे पास कुछ बात करने को नहीं है?

पत्नी : मैं क्या कहूं?

बाबू : ऐसे चुपचुप अच्छा नहीं लगता।

पत्नी : मैं तो दिन भर घर पर रहती हूँ। मेरे पास क्या कहने को हो सकता है।

बाबू : **(तल्ख़ी से)** मैं कौन सा दिन भर सैर सपाटा करता हूँ।

वही दफ्तर, काम और घर वापिस।

बाबू : **(बीच मंच पर आते हुए)** हद हो गई। पति-पत्नी के बीच बात करने के लिये कुछ बचा ही नहीं। सब कुछ ख़त्म हो गया। ऐसा लगता है इस देश में सभी चुक गये हैं। खाली बर्तन से हिलते बजते हैं।

अनामी : **(दर्शकों के बीच, प्रेक्षागृह से)** बाबू माचिस है।

सूत्रधार : अरे अनामी तुम? आओ आओ। **(अनामी मंच पर आता है।)** तुमने कुछ कहा?

अनामी : हाँ हाँ तुम्हीं से बाबू! माचिस है?

सूत्रधार : हाँ। **(जेब से निकालकर दियासलाई देता है।)**

अनामी : **(बीड़ी सुलगा कर कश लेते हुए)** मज़ा आ गया बाबू? **(जाकर अपने स्थान पर बैठता है।)**

सूत्रधार : **(आश्चर्य से, दर्शकों से)** इस देश में अब भी एक ऐसा आदमी है जिसे मजा आता है!

अनामी : **(अतीव प्रसन्नता से)** सच बाबू, मज़ा आ गया।

सूत्रधार : बीड़ी में?

सूत्रधार : नहीं।

अनामी : आज धोबियों के मोहल्ले से जा रहा था–

सूत्रधार : तो?

अनामी : वहीं एक गाना सुना। मज़ा आ गया। तुम भी सुनोगे?

सूत्रधार : सुनाओ?

अनामी : **(एक हाथ कान पर रखकर)** तेरे घाट न जाऊँ धोबिन, तेरा फिसलना घाट रे...

सूत्रधार : **(दर्शकों से)** यह पश्चिम का नहीं लगता। इसकी मस्ती इसका विनोदी स्वभाव, इसके अंतरंग से निकली हुई हंसी सब बाहर के प्रतीत होते है। यहां तो ऊब सत्य है। हताशा का साम्राज्य है। निराशा की प्रतिष्ठा है। **(नेपथ्य में दूर से तोप छूटने की आवाज़ होती है। उसके साथ ही साहक्लोरामा तमाम अख़बरों के**

चित्रों से भर जाता है।)

सूत्रधार : सुना आपने? दूर कहीं बहुत दूर, तोप से कुछ गोले छूटे। कुछ बम फूटे। कुछ धर गिरे, कुछ जाने गईं। उत्तर ने कहा दक्षिण ने पहले आक्रमण किया। युद्ध प्रारम्भ हो गया। **(अख़बार वाले के स्वर में)** अख़बार। अख़बार। आज की ताजा ख़बर। गर्मागरम ख़बर। गर्मागरम ख़बर। उत्तर और दक्षिण में पटका पटकी। मसालेदार ख़बरें... **(बाबू,पत्नी,राजा, कुबेर और मोहिनी अख़बार वाले के पास दौड़ते आते है, और अख़बार लेकर पढ़ते हुए अपने-अपने स्थान पर जाते हैं।)** अरे वाह! **(दर्शकों से)** आज तो सब बिक गये।

पत्रकार : अभी क्या है! अख़बार तो अब बिकेगें। लड़ाई कुछ दिन चलने तो दो। **(प्रसन्नमुख अपनी कुर्सी पर बैठता है।)**

(बाबू दम्पति वार्तालाप में मग्न होने का मूक अभिनय करते हैं।)

सूत्रधार : अरे वाह, कहाँ तो इन दोनों में बोल-चाल बन्द थी, अब इस तरह घुट रही है। **(टेलीफोन की घंटी बजाता है।)**

कुबेर : **(टेलीफोन उठाकर)** हाँ, हाँ मैं कुबेर बोल रहा हूँ।... खरीद लो...उसे भी खरीद लो...उसे भी। जो मिले सब खरीद लो.. सब ख़रीद लो। **(टेलीफोन उठा कर)** मोहिनी... मोहिनी डियर!

मोहिनी : कुबेर डार्लिंग।

(दोनों एक दूसरे को मुग्ध दृष्टि से देखते हैं)

(राजा गंच के मध्य-स्तर पर आ कर खड़ा होता है।)

राजा : **(भाषण के स्वर में)** मेरे अपने भाइयों! **(सब अभिनेता उसके सामने श्रोताओं के समान बैठ जाते हैं।)** आज उत्तर और दक्षिण लड़ रहे हैं। इसका यह मतलब नहीं कि हम ख़तरे से दूर हैं। यह लड़ाई, कभी भी यहां,

पश्चिम में भी, हमारे घर पर, हमारे दरवाज़े चौखट पर, हमारे चक्की चूल्हे में, आ सकती है। यह ख़तरे का वक्त है। इस समय ज़रूरत है एकता की। अगर आप अपनी ज़िन्दगी चाहते हैं, अपनी स्त्रियों को सिपाहियों के हाथ पड़ने से बचाना चाहते हैं, तो देश की संकट की घड़ी में, देश की रक्षा में, मेरा साथ दीजिये। आपके लिये, देश के लिये मैं वृद्ध सभा भंग करके अपने आपको तानाशाह नियुक्त करता हूँ। **(फौजी टोपी उठाकर पहनता है।)**

(दर्शकों के पीछे से ताली की गड़गड़ाहट सुनाई पडती है। साईक्लोरामा के अख़बारों को काँटेदार तार घेर लेते हैं। दर्शकों के पीछे से जनता का समवेत स्वर सुनाई पड़ता है—राजा जिन्दाबाद।' नारे रुकने पर राजा मूक अभिनय करता हुआ झंडा फहराता है। नेपथ्य से तोपों की सलामी की आवाज़ सुनाई पड़ती है। मार्च- पास्ट करती हुई फ़ौजी टुकड़ी के कदमों की आवाज़ सुनाई पड़ती है। राजा सलामी लेता है। तब ही सायरन बजता है। मंच पर अंधेरा छा जाता है। हवाई ज़हाज़ों के उड़ने की आवाज़ वातावरण को भर देती है। सूत्रधार जहां है,वहीं ज़मीन पर लेट जाता है। कुबेर मोहिनी को खींचता हुआ मेज़ के नीच ले जाता है। राजा अपनी कुर्सी पर बैठता है। बाबू दम्पति अपनी जगह लेट जाते हैं। पत्रकार मेज़ के ऊपर लेट जाता है। अनामी खड़े होकर आसमान को देखता है। स्पाट-लाईट, सर्चलाईट के समान मंच पर इधर-उधर घूमती है। फिर सायरन बजता है। मंच पूर्ववत् प्रकाशित हो जाता है। हवाई जहाज की आवाज़ बन्द हो जाती है। बाबू दम्पति पूर्ववत् बैठ जाते हैं

राजा उठ कर कुबेर के कमरे में जाता है और कुबेर, मोहिनी, राजा, तीनों मेज़ के चारों ओर बैठते हैं। पत्रकार फिर से काम पर बैठ जाता है।)

सूत्रधार : **(उठ कर, अनामी से)** तुम जमीन पर क्यों नहीं लेटे?

अनामी : यह सब क्या तमाशा है?

सूत्रधार : सिविल डिफेंस ट्रेनिंग।

अनामी : क्यों?

सूत्रधार : तुम्हें यह भी नहीं मालूम?

अनामी : नहीं।

सूत्रधार : **(दर्शकों से)** पश्चिम में ऐसे भी लोग है। **(अनामी से)** फिर तुम्हें यह भी नहीं मालूम होगा कि आज से नया साल शुरू हो रहा है। **(अनामी अस्वीकार में सिर हिलाता है।)**

(तब ही राजा, कुबेर और मोहिनी ज़ोर से हँसते हुए उठ खड़े होते है। तीनों ने शराब पी रखी है। तीनों के कदम शराब से लड़खड़ा रहे हैं।)

राजा : बहुत पिला दी तुमने कुबेर!

कुबेर : सरकार कुछ भी तो नहीं पी आपने।

राजा : बहुत पिला दी।

कुबेर : **(घड़ी देखकर)** नया साल तो अब शुरू हुआ है। नये साल की खुशी में एक-एक पैग और हो जाये हुजूर।

राजा : **(मोहिनी से)** एक पैग और?

मोहिनी : हाँ, क्यों नहीं।

राजा : **(मोहिनी से)** तुम कहती हो मेरी जान, तो एक पैग और सही।

कुबेर : **(पुकार कर)** बेयरा। **(बेयरा प्रवेश करता है।)** तीन जगह एक एक पैग और लाओ। ह्विस्की और जिन का कॉकटेल।

मोहिनी : एक नहीं, दो दो पैग।

राजा : दो?

मोहिनी : एक नये साल की खुशी में, एक पुराने साल के गम में।

राजा : ही...ही...ही... खूब मेरी बुलबुल खूब! ख़ुशी में भी पिओ, और गम में भी। खूब मेरी मैना।

कुबेर : दो-दो पैग।

बेयरा : जो हुकुम। **(प्रस्थान)**

राजा : **(मोहिनी को देखकर)** मेरी जान को एक में मज़ा ही नहीं आता।

कुबेर : मुझे तो चक्कर आ रहा है।

राजा : घन चक्कर! ही! ही! ही!

(कुबेर पेट पकड़ कर हिचकी लेता है और कुर्सी पर लेट जाता है।)

राजा : मेरी कबूतरी।

(मोहिनी हँसती है।)

राजा : इधर आ मेरी कबूतरी!

मोहिनी : आप कौन हैं? कबूतर!

राजा : अरी आ न, आ चोंचें लड़ायें।

(मोहिनी राजा के निकट धीरे-धीरे आती है, तब ही बेयरा प्रवेश करता है। उसके हाथ में शराब के प्यालों सहित तश्त है। वह राजा और मोहिनी के एकदम बीच में आ जाता है।)

बेयरा : साहब!

राजा : **(क्रोध के विस्फोट से)** साहब का बच्चा! निकल जा **(हाथ मारकर तश्त गिरा देता है। शराब मोहिनी पर उछल कर गिर पड़ती है।)**

मोहिनी : **(उछलकर दूर होती हुई)** उई ममी। **(साड़ी की शराब झाड़ती हुई)** सारी शराब गिरा दी।

राजा : ग़म किस बात का! तुम तो खुद ही शराब हो। **(बेयरा का नेपथ्य में प्रस्थान)** मेरी लाल परी, तुम्हें तो देखकर ही नशा आ जाता है। **(सूंघते हुए)** क्या महक है!

शराब की महक है... या शबाब की? नजदीक आओ। और... और... **(मोहिनी धीरे-धीरे राजा के फैले निमंत्रित करते हाथों की ओर बढ़ती है)** और नज़दीक '''आओ न मेरी प्यारी ''''मेरी रानी। **(कुबेर एक बड़ी हिचकी लेता हुआ मोहिनी और राजा के बीच जा खड़ा होता है, और शराब की लम्बी हिचकी लेता है। फिर लौटकर अपनी कुर्सी पर लुढ़क जाता है। राजा बाधा से रुष्ट होकर कुबेर को देखता है, फिर अचानक पेट पर हाथ रखकर नेपथ्य में जाता है।)**

कुबेर : **(उठकर)** कहां गया चपड़कनाती?

मोहिनी : बाथरूम।

कुबेर : **(स्वतः)** पांच मिनट तो बेटा पेट में रख़ नहीं पाते, बनते हैं तीरंदाज़। **(मोहिनी से)** हरामजादी, आ गई अपनी जात पर!

मोहिनी : ठीक रो बात करो।

कुबेर : गिर पड़ी मुंह फाड़कर। कुतिया कहीं की। **(मोहिनी कुबेर के गाल पर थप्पड़ मारती है। एक क्षण रुक कर कुबेर अपना गाल सहलाता है।)**

कुबेर : बस राजा ने कह दिया मेरी कबूतरी, मेरी बुलबुल, तो निकल आये पंख हमारी छमक छल्लो के। उड़ने लगी आसमान पर। शरम नहीं आती।

मोहिनी : मैं तुम्हारी बीवी नहीं हूँ।

कुबेर : मैं कब कहता हूँ, तू मेरी बीवी है। तू तो मेरी माँ है, तो सुनिये माता जी, वह राजा है राजा। आप जैसी उसके पास सैकड़ों हैं। वह हर रात एक बदलता है।

मोहिनी : **(उपेक्षा से)** उंह!

कुबेर : मेरी सलाह मान। सब कुछ तू पहले ही लुटा देगी तो देगा वह अंगूठा। उसे तो ललचा। कभी डोर खींच तो कभी ढील दे।**(हाथों से पंतग उड़ाने का अभिनटन**

करते हुए) ऐसे... ऐसे... हाँ।(राजा के आने की आहट) वह शायद आ रहा है। मैं लेटता हूँ। (पहले के समान वह कुर्सी पर लेट जाता है।)

राजा : (विनोद में, कुबेर को इंगित करके) फिर लुढ़क गया?

मोहिनी : शायद मर गया।

राजा : मर तो हम गये हैं। आज तो नाच दिखाओ मेरी जान। नये साल की खुशी में नाच दिखाओ। सलोमी की तरह नाचो। एक एक कर सात पोशाक उतारो।

मोहिनी : (आमोदित) मैं तो सात पोशाकें नहीं पहने हूँ।

राजा : तब तो और अच्छा। मामला जल्दी निपटेगा। ...देखें (मोहनी की तरफ बढ़ता है।)

मोहिनी : (लुभाती हुई) दूर से सरकार ...दूर से ...(मोहिनी राजा को ललचाती हुई, लुभाती, हँसती भागती है। राजा विक्षिप्त सा मोहिनी के पीछे भागता है। कुबेर एक आँख दबाकर स्वीकृति में सर हिलाता है। तब ही राजा गिर पड़ता है लेकिन भागती हुई मोहिनी का पैर पकड़ लेता है। तब ही दृश्य हो जाता है।)

सूत्रधार : (प्रवेश करके) इसमें आश्चर्य क्या! सदा से ही राजाओं के दर्प का मर्दन नितंबिनी के माप 35-22-36 ही करते है।

(कुबेर उठकर नाक की नोक पर चश्मा लगाता है, फिर मोहिनी और राजा के जड़ दृश्य को देखता है। एक क्षण का मौन। फिर राजा उठकर कुबेर से हाथ मिलाकर उसे अपने गले से लगाता है। फिर दोनों मोहिनी के सामने घुटनों के बल बैठ जाते है। मोहिनी अतीव आह्लाद से दोनों की तरफ वरदान देता सा एक-एक हाथ बढ़ाती है। चित्र जड़ हो जाता है।)

सूत्रधार : वाह क्या दृश्य है।(दर्शकों से) अब देखना यह है कि

मोहिनी किसे अमृत रस देती है और किसे सूखी मुस्कान। **(जैसे अचानक याद आया)** अरे हाँ, आप को जान कर खुशी होगी कि उत्तर को ऊनी कपड़े देने का ठेका सरकार से कुबेर को मिल गया है। दक्षिण को गेहूँ देने का एक मात्र ठेका, वह भी कुबेर को मिल गया है। और... और कुबेर ने अपनी अपार सम्पत्ति का एक नगण्य भाग राजा को भेंट किया जिसे उसने स्वीट्ज़रलैण्ड के बैंक में अपने भविष्य के बीमे के रूप में जमा कर दिया। ...और मोहिनी, वह तो अब धन और सत्ता दोनों के स्वामियों की महिषी है। ...**(दर्शकों से)** जैसे इनके दिन फिरे, भगवान करे आप सबके दिन फिरें।

(अनामी को खांसी का दौरा आता है। मोहिनी बीच मेज़ पर बैठती है। उसके दोनों ओर कुर्सी पर राजा और कुबेर बैठते हैं।)

सूत्रधार : **(अनामी के पास जाकर)** तुम तो बीमार हो?

अनामी : दो महीने से तबियत ख़राब है बाबू। हल्के-हल्के खांसी आती थी, अब तो बेदम कर देती है।

सूत्रधार : इसका इलाज क्यों नहीं करते?

अनामी : इलाज?

सूत्रधार : हाँ...

अनामी : बाजार में तो जैसे आग लग गयी है। हर चीज़ बाबा मोल हैं। ऐसे में पहले पेट भरें कि इलाज करें? **(खांसी का दौरा)** पेट भी कहां भर पाता है।

सूत्रधार : इसकी बात समझ में नहीं आती। जिस गति से कुबेर अपना उद्योग साम्राज्य बढ़ा रहा है, जिस गति से राजा का स्विट्ज़रलैण्ड में बैंक बैलेन्स बढ़ रहा है, जिस तरह छोटे बाबू के घर में बड़ा रेफ्रीजरेटर, टीवी कार, एसी, आ रहे हैं, उससे तो यही लगता है कि पश्चिम में दूध और घी की नदियाँ बह रही हैं। फिर इसे दो

वक्त का खाना नहीं जुट पाता? इसकी बात समझ में नहीं आती!

(बाबू का शराब के नशे में धुत्त 'नजर लागी राजा तोरे बंगले पर' गाते हुए प्रवेश। पत्नी आते हुए बाबू को देखती खड़ी हो जाती है। पत्नी पर निगाह पड़ते ही उसका गाना बन्द हो जाता है।)

पत्नी : आज तुमने फिर शराब पी है?

बाबू : फिर? मैं किस दिन नहीं पीता?

पत्नी : मेरे मना करने पर भी?

बाबू : तू किस दिन मना नहीं करती?

पत्नी : मैंने कहा था कि तुम अगर अब पिओगे तो मैं घर छोड़ कर चली जाऊंगी।

बाबू : धमकी न दें।

पत्नी : यह धमकी नहीं है?

बाबू : अच्छा भला सुरूर था। तेरा चेहरा देखते ही सब बदमज़ा हो गया। जी मचलाने लगा।

पत्नी : तुम सुधर नहीं सकते।

बाबू : क़ै करने की तबियत होती है। **(क़ै करने का अभिनटन करता है।)**

बाबू : जायेगी कहां? कौन तेरा आशिक बैठा है।

पत्नी : बेइमानी के पैसे ने तेरी मत भरमा दी है।

बाबू : **(कुर्सी उठाकर मारने को तानते हुए)** हरामी की पिल्ली, खोपड़ी फोड़ दूँगा। बेइमानी का पैसा! तू तो जैस मन्दिर की देवी है। **(कुर्सी ज़मीन पर रख देता है।)**

पत्नी : मैं तुम्हारी तरह बेइमान नहीं हूँ।

बाबू : तूने मेरे साथ बेइमानी का पैसा नहीं खाया? तेरे खून में बेइमानी का पैसा है।

पत्नी : मैंने तुम्हें हमेशा मना किया। मैं अब और नहीं खाऊंगी।

बाबू : नहीं खायेगी तो भूखों मर।

पत्नी : मैं भूखों नहीं मरूंगी। मैं पढ़ी लिखी हूँ।

बाबू : साली पढ़ाई का नक्शा मारती है। मेरे घर में रहना है तो तू नौकरी नहीं कर सकती।

पत्नी : मैं नौकरी करूँगी।

बाबू : तो तुझे यह घर छोड़ना पड़ेगा।

पत्नी : **(दृढ़ता से)** मैं नौकरी करूँगी।

बाबू : तो खड़ी क्यों है? निकल जा मेरे घर से "निकल" निकल। **(हाथ पकड़ता हुआ घर से बाहर निकालता है। फिर दरवाज़े बन्द करने का अभिनटन करता है, और वापिस अपनी कुर्सी पर निढाल आकर गिरता है। पत्नी नेपथ्य में चली जाती है। बाबू के करने का अभिनटन करता है)**

सूत्रधार : पति पत्नी के झगड़े पर कुछ न कहा जाये, तब ही श्रेष्ठ है। बाबू की कै ने वातावरण में दुर्गन्ध भर दी है। **(अनामी खांसता है।)** अनामी की खाँसी बन्द नहीं होगी... देखिये बातों में पता ही नहीं लगता कि समय किस तीव्र गति से बीतता है। आप को अनुभव हुआ कि युद्ध प्रारम्भ हुए दो वर्ष व्यतीत हो गये?

(सूत्रधार टेलीफोन की घंटी बजाता है।)

मोहिनी : **(टेलीफोन उठाकर)** कौन राजा जी?... हाँ हैं, देती हूँ उनको। **(कुर्सी पर सोते हुए राजा को जगाकर)** आप का टेलीफोन।

राजा : **(फोन पर)** हाँ हाँ सेक्रेटरी, वहीं आ जाओ, हमारे महल में।

(राजा चिन्तातुर दिखाई पड़ता है। वह कुबेर और मोहिनी को मूक अभिनटन द्वारा कुछ बताता है। वे भी चिन्तातुर हो जाते है।)

सूत्रधार : **(दर्शकों से राजा की ओर इंगित करके)** उधर मामला कुछ संगीन लगता है।

(राजा कुबेर के कमरे से चलकर अपने कमरे में आता है)

सेक्रेटरी : (प्रवेश करके) मैं आ गया सर।

राजा : सेक्रेटरी, हम एक एक को कुचल देंगे। क्या समझते हैं हमको!

सेक्रेटरी : आपके सबसे अधिक विश्वासपात्र सहयोगी ही विरोधी-दल में जा रहे हैं।

राजा : हमने उन्हें ज़मीन से उठा कर आसमान पर टाँका, और अब हमारे ही ख़िलाफ सिर उठा रहे हैं। हम एक-एक का सिर धड़ से अलग कर देंगे।

सेक्रेटरी : उनका कहना है कि आपके राज में बोलने की स्वतन्त्रता नहीं है। प्रेस आजाद नहीं है।

राजा : एहसान फ़रामोश।

सेक्रेटरी : वह तानाशही हटा कर फिर से प्रजातंत्र स्थापित करना चाहते हैं।

राजा : हमें कोई नहीं हटा सकता।

सेक्रेटरी : उनका चार्ज है कि आपके राज्य में केवल भ्रष्ट कर्मचारी ही पनपे हैं। आपने उनका पोषण किया है।

राजा : झूठ है।

सेक्रेटरी : (अपनी सफाई में) यह तो लोग कहते हैं।

राजा : हमसे साफ़ साफ़ बताओ...

सेक्रेटरी : (संशय से) जी।

राजा : असली बात क्या है?

सेक्रेटरी : (निर्बोधता से) मैं क्या जानूं। मैं तो वही जानता हूँ जो मैं सुनता हूँ।

राजा : तुम छिपा रहे हो।

सेक्रेटरी : भगवान की कसम—नहीं नहीं, आपके कदमों की कसम।

राजा : डरो नहीं। हम सही बात जानना चाहते हैं।

सेक्रेटरी : (आश्चर्य-चकित सा) सही बात!

राजा : हाँ! आखिर विरोधी-दल की यह हिम्मत कैसे पड़ी?

सेक्रेटरी : अगर सरकार वाकई सच बात जानना चाहते हैं,तो...

राजा : ...हाँ ...हाँ कहो।

सेक्रेटरी : जनता आपके विरूद्ध हो गई है।

राजा : जनता! यह किस चिड़िया का नाम है?

सेक्रेटरी : एक बहुत ही बेवकूफ जानवर है।

राजा : फिर उससे डर कैसा?

सेक्रेटरी : लेकिन बहुत ही खतरनाक है।

राजा : बेवकूफ भी और खतरनाक भी?

सेक्रेटरी : जब तक जनता सोती है तब तक सब कुछ ठीक है। लेकिन जहां एक बार जागी—बाँध तोड़ कर हरहराते पानी को देखा है, उसके सामने जो भी पड़ता है, उसे बहा ले जाता है। कोई उसके आगे नहीं टिक सकता। ऐसी ही है जनता!

राजा : आज तक तो कभी इस जानवर का नाम नहीं सुना।

सेक्रेटरी : **(टटोलते हुए)** कभी नहीं?

राजा : **(सोचते हुए)** कभी नहीं। राजा होने के बाद तो कभी नहीं सुना। पहले शायद सुना हो ...उसका याद नहीं।

सेक्रेटरी : कुबेर ने कभी ज़िक्र नहीं किया?

राजा : **(निश्चय से)** कभी नहीं। न कुबेर ने, न बाबू ने, न मोहिनी ने, और न उस पत्रकार ने। किसी ने ज़िक्र नहीं किया।

सेक्रेटरी : ठीक किया उन लोगों ने। राजा को जनता से क्या मतलब?

राजा : तो यह विरोधी दल के लोग जनता की ही ताकत पर कूद रहे हैं?

सेक्रेटरी : उसकी ताकत क्या कम है?

राजा : आखिर यह जनता है क्या?

सेक्रेटरी : क्यों?

राजा : अगर उसमें इतनी ताकत है तो हम उससे मिलेंगे।

सेक्रेटरी : किस लिये?

राजा : अगर विरोधी दल अपनी तरफ कर सकता है, तो हम उससे मिल कर उसे अपनी ओर कर लेंगे।

सेक्रेटरी : बहुत खूब।

राजा : है न बढ़िया तरकीब?

सेक्रेटरी : क्या कहने हैं। महाराज यह सब आपकी बुद्धि का ही चमत्कार है।

राजा : **(हताश स्वर में)** लेकिन यह जनता मिलेगी कहां?

सेक्रेटरी : सब जगह...

राजा : सब जगह?

सेक्रेटरी : जी हाँ। राज महल के बाहर सब जगह।

राजा : **(चिन्ता से)** तो जनता से मिलने हमें राजमहल के बाहर जाना होगा?

सेक्रेटरी : हाँ महाराज

राजा : वहाँ... वहाँ तो सूरज है!

सेक्रेटरी : बड़ा कठिन है उसे सहन करना?

राजा : बिना एयर कंडीशनर के, बेशक।

सेक्रेंटरी : बाहर धूल भी है।

राजा : **(जैस दम घुट रहा हो)** मैं साँस कैसे लूंगा?

सेक्रेटरी : **(सहानुभूति से)** नहीं ले पायेंगे साँस।

राजा : हमारी लाश ही गिर जायेगी वहाँ...

सेक्रेटरी : **(काटते हुए)** वहां गन्दगी में।

राजा : **(चौंक कर)** क्या वहां गन्दगी भी है?

सेक्रेटरी : बेहद। कूड़ा-करकट, कीड़े मकौड़े, सड़ी हुई तरकारियां, फलों के छिलके, गर्द, कीचड़, मल, विष्टा, फुजला...

राजा : नहीं,नहीं हम ऐसी जगह नहीं मरेंगे। हम तो...

सेक्रेटरी : **(नकल करता सा)** राज महल में, राज-सिंहासन पर ही...

(राजा कड़ी निगाह से देखता है। सेक्रेटरी घबराकर

चुप हो जाता है।)

राजा : **(निश्चय से)** हम फिर भी राज महल के बाहर जायेंगे।

सेक्रेटरी : **(चपरासी से)** इतिहास लिखेगा कि पहली बार एक राजा राजमहल छोड़कर बाहर आया।

राजा : हमें जनता से मिलना है।

सेक्रेटरी : ठीक ही है।

राजा : **(आशँकित)** 'ही' है? मतलब?

सेक्रेटरी : **(सफाई में)** ठीक है। एकदम ठीक है।

राजा : **(दोहराते हुए)** ठीक ही है! यह 'ही' क्यों?

सेक्रेटरी : अच्छा ही है कि आप जनता से मिलने राजमहल के बाहर जा रहे हैं। अगर जनता राजमहल में घुस आती है तो... **(कहते कहते रुक जाता है।)**

राजा : तो?

सेक्रेटरी : राजा को राजमहल के बाहर जाना पड़ता है—अपनी जान बचाने।

राजा : अगर हम राजमहल के बाहर भी जायें तो जनता को पहचानेंगे कैसे?

सेक्रेटरी : बड़ा आसान है यह तो।

राजा : तुम उसका हुलिया बता सकते हो?

सेक्रेटरी : उसके लाखों मुंह हैं।

राजा : **(विस्मित सा)** अच्छा?

सेक्रेटरी : और करोड़ों हाथ भी हैं।

राजा : हाथ भी?

सेक्रेटरी : पेट उसका फिर भी खाली है।

राजा : क्यों?

सेक्रेटरी : क्योंकि उसके पास खाने को रोटियां नहीं है।

राजा : रोटियां नहीं है, तो चावल खायें, गोश्त खायें, मेवे खायें, फल खायें। कुछ और खायें। इससे उसकी तन्दुरूस्ती अच्छी रहेगी। दूध पियें।

सेक्रेटरी : आप जनता से मिलें, तो उसे जरूर यह सलाह दीजियेगा।

राजा : जनता की कुछ और पहचान बता सकते हो?

सेक्रेटरी : जनता मौसम बिलकुल बर्दाश्त नहीं कर पाती।

राजा : नाज़ुक है?

सेक्रेटरी : बेहद सुकुमार। ज़रा गर्मी ज्यादा पड़ जाये तो वह लू से मर जाती है। ज़रा सर्दी ज्यादा हो जाये, तब भी वह मरने लगती है।

राजा : पहनावा?

सेक्रेटरी : बहुत कम कपड़े।

राजा : 'फैशनेबल' है।

सेक्रेटरी : उसके सिर पर सिर्फ़ तारों भरा आसमान है।

राजा : रोमाण्टिक!

सेक्रेटरी : यहां वहां वह आंख बन्द किये, कान बन्द किये, भेड़ सी नारे लगाती, कभी इस झंडे के पीछे, कभी उस झंडे के पीछे भागती फिरती है।

राजा : **(विश्वास से)** तब आज से जनता हमारे झंडे के पीछे भागेगी। हमारा झंडा जनता का झंडा होगा। **(दर्शकों की तरफ बढ़ते हुए)** इतिहास, देखो और दर्ज करो अपने रजिस्टर में, हम जनता से मिलने राजमहल के बाहर जा रहे हैं।

सेक्रेटरी : ठहरिये महाराज। **(राजा प्रश्न सूचक दृष्टि से देखता है।)** साउंड इफ़ेक्ट। **(चापलूसी में खींसे निपोरता है।)** **(नेपथ्य से तुरही की आवाज़ आती है, फिर बैड की। उस पर शैली-बद्ध चाल से चलता राजा, और उसके पीछे चलता सेक्रेटरी राजमहल के बाहर आते है)**

राजा : **(अधीरता से)** लो हम तो आ गये राजमहल के बाहर। कहां है जनता?

सेक्रेटरी : अभी यहीं आती होगी।

राजा : ओफ़, यह तपीश, यह गर्द-गुबार, यह बदबू। हमसे तो ज्यादा देर नहीं खड़ा रहा जायेगा। यहां धूप तो भून ही देगी हमें।

सेक्रेटरी : आप मेरी परछाई में खड़े हो जाइये।

(राजा सेक्रेटरी की आड़ में ऐसे खड़ा होता है, जैसे पेड़ के पीछे शिकार के इन्तज़ार में शिकारी। तब ही अनामी कमज़ोर कदमों से बीच मंच पर आता है।)

सेक्रेटरी : **(फुसफुसाते हुए)** यही है जनता।

(राजा कूद कर उसके सामने आता है। तीव्र स्वर में चीख़ता है—'जनता'। अनामी घबरा कर गिर पड़ता है। सूत्रधार नेपथ्य में चला जाता है।)

राजा : **(जैस रटे शब्दों को तीव्र गति से दोहराते हुये)** हम राजा है। हम तुम्हें जानते है। तुम जनता हो, तुम्हारे करोड़ों मुँह और करोड़ों हाथ हैं, लेकिन पेट खाली है। तुम्हारे पास धूल है, धूप है, गन्दगी है, नंगदी है, बीमारी है, मौत है।

(अनामी पर एक पैर रख कर) हम इन सबके सामने, हम पश्चिमी देश के राजा वादा करते हैं कि तुम को रोटी देंगे, कपड़ा देंगे, फूल देंगे, सुगन्ध देंगे। **(अनुनय से)** तुम मुझे सिर्फ एक चीज़ दे दो। सिर्फ एक चीज़।

अनामी : **(विमूढ़ता)** क्या?

राजा : **(अनामी का कालर पकड़ कर उठाते हुये)** अपनी निशानी। अपनी यह कमीज़। हम इसे अपने झंडे में लगायेंगे। **(करीब-करीब जबर्दस्ती उतारते हुये)** रोटी देंगे, रोटी देंगे...रोटी देंगे। **(कमीज़ उतारकर भागता हुआ अपने कमरे में जाता है। अपने कमरे में आकर, सफलता से प्रसन्न राजा अपनी कुर्सी में लगे डंडे में अनामी की कमीज़ झंडे की तरह लगाकर कुर्सी पर बैठता है।)**

अनामी : रोटी ओटी तो दी नहीं, एक कमीज़ भी उतार ले गये।
(जाकर अपने स्थान पर बैठता है)
(थोड़ी देर बाद सूत्रधार रेडियो-उद्घोषक की भूमिका में राजा के कमरे के सामने जाता है।)

रेडियो उ. : **(प्रवेश करके)** मैं रेडियो स्टेशन से आया हूँ। सर मैं अन्दर आ जाऊं।

राजा : हाँ।
(रेडियो-उद्घोषक टेपरिकार्डर मेज़ पर लगाता है।)

रेडियो उ : **(माइक्रोफोन में)** यह पश्चिमी रेडियो है। आज देश की इस संकट की घड़ी पर हम अपने पिता-तुल्य राजा से हाथ जोड़ कर विनती करते हैं कि वह हमारा मार्गदर्शन करें।
(माइक राजा के मुँह के सामने करता है।)

राजा : **(माइक्रोफ़ोन पर)** हमारी जनता को कुछ लोग भड़का रहे हैं। **(अनामी को खांसी का दौरा आता है।)** मैं जानता हूँ कि इसमें हमारे विदेशी दुश्मनों का हाथ है। हम जनता से अपील करेंगे कि अगर वह अपने देश को आज़ाद रखना चाहते हैं, विदेशी दुश्मनों के हाथों अपनी आज़ादी खोना नहीं चाहते, जो किसी भी वक़्त हम पर हमला करने को तैयार हैं, तो अपने हित-चिन्तक राजा को पहचानें। हम जनता के लिये ही राजा बने हैं। हम जनता के सेवक हैं। हमारा झंडा जनता का है। हमारा बाना जनता का है। हमारा नारा जनता का है। अपने सेवक को पहचानिये। जय जनता।
(अनामी को खांसी का दौरा आता है। रेडियो-कर्मचारी टेप-रिकार्डर लेकर नेपथ्य में जाता है।)

बाबू : **(चौंककर उठ बैठता है)** क्या? इनक्वायरी! मेरे खिलाफ इनक्वायरी!!

(अनामी खांसता है। नेपथ्य से सेनापति आता है।)

सेनापति : (राजा के कमरे में प्रवेश कर के) मुझे बुलाया?

राजा : आओ आओ सेनापति! तुमने सुना, यह सिरफिरे बग़ावत पर उतारू है।

सेनापति : मुझे मालूम है...

राजा : इस मौक़े पर जब कि हमारे दुश्मन हम पर हमला करने वाले हैं।

सेनापति : जनता को दुश्मन के ख़तरे की दुहाई देकर और बेवक़ूफ बनाना मुश्किल है।

राजा : (कठोरता से) सेनापति!

सेनापति : कुछ लोगों को कुछ दिन बेवक़ूफ बनाया जा सकता है। सब को सब दिन बेवक़ूफ बनाना आसान नहीं।

राजा : हम चाहते हैं, तुम इस बग़ावत को कुचल दो।

सेनापति : मैं अपनी तरफ़ से कोई कसर नहीं उठा रखूंगा।

राजा : (एक दम प्रसन्न हो कर, सेनापति से हाथ मिलाते हुये) गुड। तुम मेरे दोस्त हो। हम हमेशा तो राजा रहेंगे नहीं। हमारे बाद तुम्हीं राजा होना।

(सेनापति की कमर में हाथ डाल कर राजा उसको दरवाज़े तक पहुंचाता है, फिर लौट कर अपनी कुर्सी के पास हवा में दाहिने हाथ की मुट्ठी तान कर खड़ा हो जाता है। नेपथ्य में नारे सुनाई पड़ते हैं—"राजा मुर्दाबाद"! "हमारी आज़ादी वापस दो !" "राजा मुर्दाबाद"! गोली चलने की आवाज़ और भाग-दौड़ का शोर। फिर एकदम शान्ति। राजा विजय की मुस्कान लिये अपनी क़ुर्सी पर बैठ जाता है।)

सूत्रधार : (नेपथ्य से प्रवेश कर के) जनता के विद्रोह को सिपाहियों ने कुचल दिया। सिपाहियों ने नहीं, उनकी गोलियों ने। सिर्फ दस आदमियों की जान गई और इकसठ घायल हुये।

(बाबू बदहवास सा भागता कुबेर के कमरे पर जाता है। सूत्रधार कुबेर के चपरासी की भूमिका में उसे कुबेर के कमरे में जाने से रोकता है।)

चपरासी : अरे रे, कहां घुसे जा रहे हो?

बाबू : मैं बड़े दफ़्तर का छोटा बाबू हूँ।

चपरासी : तुम छोटे दफ़्तर के बड़े बाबू भी हो तो मुझ से क्या!

बाबू : सेठ साहब हैं?

चपरासी : नहीं।

बाबू : **(अनुनय से)** देखो, मुझे उनसे बड़ा जरूरी काम है।

चपरासी : होगा।

बाबू : मैं उनके पास अक्सर आया जाया करता हूँ। मुझे पहचानते होंगे?

चपरासी : मैं किसी मिलने वाले को नहीं पहचानता।मैं तो उनके दिल को पहचानता हूँ!

बाबू : दिल?

चपरासी : यही, कितना बड़ा दिल है। खड़े क्या देख रहे हैं। जाइये साहब। ...न जाने कहां से नंगे कंजूस चले आते हैं। जेब में पचास रूपये का नोट भी नहीं और मिलेंगे करोड़पति सेठ से।

बाबू : मेरी जेंब में सौ रूपये का नोट...

चपरासी : देखूँ कैसा है। **(बाबू नोट देता है।)** तुम तो बड़े बाबू लगते हो। देखूँ, शायद सेठ साहब घर में ही हों **(दर्शकों से)** माफ़ कीजियेगा। यह रिश्वत नहीं है। बड़ी ड्योढ़ी की छोटी दस्तूरी है। **(चपरासी सेठ के कमरे में जाता है।)**

चपरासी : **(कुबेर से)** बड़े दफ्तर का बड़ा बाबू है।

कुबेर : कह दो, मैं घर में नहीं हूँ।

चपरासी : **(बाहर आकर)** सेठ साहब कहते हैं, कह दो घर में नहीं हूँ।

बाबू : तब?

चपरासी : (आंख मार कर) खड़े खड़े मुँह क्या देखते हो। घुस जाओ अन्दर।

(बाबू अन्दर घुसता है।)

चपरासी : **(बाबू को रोकने का नाटक करते हुए)** अरे रे, ज़बर्दस्ती घुस गये।

(कुबेर के सामने बाबू और उसके पीछे-पीछे चपरासी पहुंचता है।)

बाबू : सेठ साहब मैं मर गया। **(दहाड़ मार कर रोता है।)**

(कुबेर और मोहिनी एक दूसरे को देखते हैं)

चपरासी : ज़बरदस्ती घुस आया।

कुबेर : चपरासी तुम बाहर जाओ। **(चपरासी बाहर निकल कर नेपथ्य में चला जाता है।)**

बाबू : सेठ साहब, मेरी बीबी ने आत्महत्या कर ली। मैं भी आत्म-हत्या करने जा रहा हूँ।

कुबेर : क्यों?

बाबू : यहीं, आपके सामने फांसी लगाऊंगा।

मोहिनी : उई ममी, क्या कहते हो?

बाबू : **(रोते हुए)** सेठ जी, जब पूरी ज़िन्दगी आपका नमक खाया, तो मौत भी आपके सामने हो।

कुबेर : आख़िर मामला क्या है?

बाबू : सेठ साहब, इनक्वायरी होने जा रही है। कमेटी बैठ गई है। अब बताइये, बीवी बच्चों के लिये चार पैसे कमा लिये, तो उससे किसी साले का क्या बिगड़ गया! अच्छा, कहा सुना माफ़ कीजियेगा। बहन जी, रस्सी लाइये न।

कुबेर : मैं इसमें क्या कर सकता हूँ?

बाबू : आप कर ही क्या सकते हैं। सब कुछ तो मैंने ही किया है। इनक्वायरी होगी तो क्या वह लोग बचे रह जायेंगे जिनको फ़ायदा हुआ है।

(कुबेर घबरा कर उठ खड़ा होता है।)

बाबू : रिश्वत लेना गुनाह है, तो रिश्वत देने वाले को भी तो सज़ा मिलती है।

कुबेर : यह इनक्वायरी नहीं हो सकती। इनक्वायरी बैठाने वाले भी तो नहीं बच सकेंगे।

बाबू : सेठ साहब, कमा इतना लिया, मगर रहे भोले के भोले। इस इनक्वायरी में हम जैसे छोटे आदमी मारे जायेंगे या आप जैसे पैसे वाले। हुकूमत जिसके पास है उसका कुछ नहीं होगा। आखिर इनक्वायरी करने वाले भी तो आदमी हैं।

कुबेर : **(दृढ़ शब्दों में)** यह इनक्वायरी नहीं होगी। तुम जाओ।

बाबू : जाता हूँ, मगर कहे जाता हूँ कि अगर पकड़ा गया तो इसी कमरे में फांसी लगाऊंगा। बहन जी रस्सी तैयार रखियेगा। फांसी आपके ही हाथों से पहनूंगा।

(कुबेर के कमरे से निकल कर बाबू अपने कमरे में जाता है और कुर्सी पर निढाल गिर पड़ता है। अनामी को खांसी का दौरा आता है। कुबेर राजा के कमरे में जाता है।)

राजा : क्या कहते हो कुबेर ! इनक्वायरी खत्म कर दूँ?

कुबेर : हाँ सरकार...

राजा : **(विवशता से)** यह नामुमकिन है।

कुबेर : आप तो जानते ही हैं, मैं हर चीज़ की कीमत दे सकते हूँ।

राजा : हमें अफसोस है। जनता को ख़ामोश करने के लिये दो चार कर्मचारियों को बलि का बकरा तो बनाना ही पड़ेगा।

कुबेर : इस क़ुर्बानी में मैं भी शामिल हूँ।

राजा : हमें बहुत अफ़सोस है।

कुबेर : राजा की पालकी जिन कंधों पर है, अगर वह काट दिये गये, तो पालकी गिर पड़ेगी।

राजा : तुम हमको धमकी देते हो?

कुबेर : यह धमकी नहीं है, राजा सच है।

राजा : (क्रोध से खड़े हो कर) निकल जाओ।

कुबेर : आप मुझे चार जूते भी मार लीजिये, तब भी मैं मीठा ही बोलूँगा। लेकिन मुझसे दुश्मनी ठीक नहीं।

राजा : कोई है...

कुबेर : मैं खुद ही जाता हूँ (झुक कर, फर्शी सलाम करता है, फिर अपने कमरे की तरफ़ चलता है।)

(कुबेर मोहिनी से कान में कुछ कहता है। मोहिनी उठ कर कमरे के बाहर आती है, और इधर उधर ऐसे हल्के कदमों से घूमती और देखती है जैसे किसी को ढूंढ़ रही हो। अचानक उसकी निगाह अनामी पर पड़ती है और वह दौड़कर कुबेर के पास वापिस आती है।)

मोहिनी : (रहस्य से) मिल गया।

कुबेर : (एकदम प्रसन्न होकर) सच ? मिला गया?

मोहिनी : हाँ, मिल गया।

कुबेर : कहां है?

मोहिनी : आओ मेरे साथ। (दोनों हाथ पकड़कर हल्के कदमों से जाकर अनामी के चबूतरे के सामने जा खड़े होते हैं।)

कुबेर : (मोहिनी से) तू जा।

मोहिनी : तुम ही जाओ।

कुबेर : तू समझती नहीं। तू जा।

मोहिनी : तुम जाओ न। मुझे तो यह फूटी आंख भी नहीं सुहाता। (सूंघने की गहरी सांस लेती है।)

कुबेर : मैं कहता हूँ–

मोहिनी : न जाने कब से नहाया नहीं इसने (अनामी खांसता है)

कुबेर : वक़्त पर गधे को भी बाप बनाना पड़ता है।

मोहिनी : इसको तो टी.बी. लगती है। न बाबा मैं तो नहीं जाती इसके पास।

कुबेर : अरे जाती कहां है? ज़रा अक़्ल से काम ले। ज़माना

खराब है। आजकल यही साला सब कुछ है।

मोहिनी : अगर मुझको कुछ हो गया... टी.बी. का इन्फ़ेक्शन बड़ी जल्दी लगता है।

कुबेर : ले, नाक पर रूमाल बाँधे लेता हूँ। **(नाक रूमाल से बन्द करता है। मोहिनी भी अपनी नाक पर रूमाल बांधती है।)** अब आ **(दोनों अनामी के चबूतरे के पास जाते हैं।)**

मोहिनी : राजा! राजा!

(अनामी उन दोनों की तरफ मुंह करके खांसता है। कुबेर और मोहिनी घबराकर बचने को पीछे भागते हैं, तो गिर पड़ते हैं। उठकर फिर अनामी के पास जाते है।)

कुबेर : मालिक! राजा!

अनामी : यहां राजा नहीं रहता। **(मुंह फेर लेता है।)**

मोहिनी : सुनो न राजा।

अनामी : कहा न, यहां कोई राजा बाजा नहीं है। उसे कहीं और ढूंढो।

मोहिनी : मैं तुमको ही पुकार रही हूँ।

अनामी : **(आश्चर्य से)** मुझको?

मोहिनी : हाँ राजा। तुमको।

अनामी : **(निकट आकर)** क्या तुम सीधे पागलख़ाने से चली आ रही हो? यह कौन है चपड़कनाती?

कुबेर : **(हाथ जोड़कर, सिर झुकाता हुआ)** तुम्हारा दास! तुम्हारा नौकर।

अनामी : **(विमूढ़ सा)** या तो तुम दोनों पागल हो, या फिर मैं ही पागल हूँ।

कुबेर : न मैं पागल हूँ, और न तुम राजा।

अनामी : **(बिगड़ कर)** खबरदार जो मुझको राजा कहा। नाम अनामी है।

मोहिनी : नाम तो हम जानते हैं। लेकिन तुम राजा हो। हमारे

राजा। इस देश के राजा।

अनामी : तो फिर वह कौन है– तुम्हारा बाप।

कुबेर : हमारे भाई बाप तो सब कुछ तुम्हीं हो। इस देश के असली राजा तुम हो। वह तुम्हारा हक़ मार कर राजमहल पर क़ब्जा किये है।

(अनामी खांसता है। कुबेर और मोहिनी स्वतः पीछे हट जाते हैं। किन्तु तुरन्त ही सम्हलकर नकली चापलूस मुस्कुराहट लिए उसके पास आते है।)

अनामी : कितनी पी है?

कुबेर : तुम मेरी बात समझो। उस राजा के पास जो कुछ है, कहां से आया? सब तुमसे ही तो लिया है।

अनामी : कैसे?

कुबेर : तुमने मेहनत की जमीन तोड़ी, फावड़ा चलाया, तब ही तो सबका पेट भरा। आज तुम्हीं भूखे हो।

मोहिनी : तुमने मेहनत की, मशीन चलाई, फ़ैक्टरी चलाई, तब दौलत आई, लेकिन तुम्हारे पास दवाई के लिए पैसा तक नहीं।

कुबेर : तुमने मेहनत की, धरती के सीने पर कपास उगाई, सारी दुनिया को कपड़ा पहनाया, लेकिन तुम खुद नंगे हो?

मोहिनी : तुमने समुद्र के गर्भ में जाकर मोती चुने, लेकिन तुम्हारे बच्चे भूखे हैं?

कुबेर : तुमने मेहनत की, राजमहल का शिखर आसमान को चूमने लगा, लेकिन तुम्हारे सर पर छत नहीं?

मोहिनी : तुम्हीं ने तो स्कूल बनाया था–

कुबेर : फिर तुम्हारा लड़का उसमें क्यों नहीं पढ़ता?

मोहिनी : तुमने अपनी मेहनत से दिन रात एक कर दिया।

कुबेर : फिर क्यों तुम्हारी बीवी खाली पेट सोती है?

मोहिनी : तुम तेल निकालने ज़मीन के अन्दर गये–

कुबेर : फिर क्यों तुम्हारे घर में अंधेरा है?

मोहिनी : तुमने गन्ने उगाये–

कुबेर : फिर क्यों तुम्हारे बच्चे मिठाई को तरसते है?

मोहिनी : खिलौने को ललचते हैं?

कुबेर : गन्दे हैं?

मोहिनी : भूखे हैं?

कुबेर : घिनौने हैं?

मोहिनी : इधर उधर ठोकर खाते–

कुबेर : कुत्ते जैसे।

मोहिनी : इधर उधर मरते मिटते।

कुबेर : कीड़े मकोड़े जैसे?

अनामी : **(कान बन्द कर, विचलित सा)** बन्द करो बाबू, बस करो। **(खाँसी का दौरा आता है। कुबेर और मोहिनी पीछे हट जाते है।)** क्या चाहते हो?

कुबेर : **(निकट आकर)** हम तुम्हें रोटियां देंगे।

मोहिनी : दो वक्त, भरपेट!

कुबेर : अब तुम्हारी बीवी भूखे पेट नहीं सोयेगी–

मोहिनी : और न बच्चे मिठाई और खिलौनों के लिए तड़पेंगे

अनामी : सच?

कुबेर : एकदम सच। हम तुम्हारे लिए लड़ेंगे।

मोहिनी : तुम्हारे लिए जान दे देंगे।

कुबेर : तुम्हारी बीमारी के लिए दवाई देंगे।

मोहिनी : तुम्हारे बच्चों को पढ़ाई देंगे।

कुबेर : तुम्हारे परिवार के लिए मकान देंगे।

मोहिनी : जिन्दगी में तुम्हें मान शान देंगे।

कुबेर : सिर्फ तुम हमारे साथ हो जाओ।

अनामी : अच्छा हो गये।

कुबरे : सिर्फ एक चीज तुम दे दो।

अनामी : क्या?

कुबेर : अपनी यह बनियाइन। अपनी निशानी।
अनामी : ले जाओ। लेकिन रोटी...?
मोहिनी : देंगे।
अनामी : कपड़ा?
कुबेर : देंगे।
अनामी : मकान?
मोहिनी : देंगे।
अनामी : तो ले जाओ। (अपनी फटी छेददार बनियाइन उतार कर देता है।)

(कुबेर बनियाइन लेकर एक हाथ से हवा में लहराता है। आगे कुबेर पीछे मोहिनी नारा लगाते मंच का चक्कर लगाते हैं।)

कुबेर : हमारा निशान!
मोहिनी : ग़रीब का बाना।
कुबेर : हमारा काम।
मोहिनी : ग़रीब का नारा।

(अपने कमरे में जाकर कुबेर, बनियाइन को डंडे में लगाकर अपनी कुर्सी पर अटकाता है। फिर दर्शकों की ओर पीठ करके कुबेर और मोहिनी बातें करते जड़ हो जाते हैं।)

बाबू : (गुस्से से घूमता, मुट्ठियां तानता) सब साले बेईमान हैं। खुद चाहे आदमी ही निगल जायें, मगर दूसरे की दो वक्त भरपेट रोटी नहीं देखी जाती।
सूत्रधार : (प्रवेश कर) बाबू!
बाबू : बाबू नहीं बकरा कहो, बकरा।
सूत्रधार : बहुत नाराज़ दिखाई पड़ रहे हो।
बाबू : हम तो बेज़बान है। जब चाहो हलाल कर दो।
सूत्रधार : क्यों?
बाबू : सफेद स्याह खुद करें। लाखों करोड़ों बिना डकार के निगल जायें, मगर पकड़े जाने पर सारा दोष हम लोगों का।

सूत्रधार : क्या सोचा है?

दाबू : सोचना क्या है? हम लड़ेंगे।

सूत्रधार : लड़ सकोगे?

बाबू : क्यों नहीं? नहीं लड़ेंगे तो जीने कौन देगा। हम पार्टी बनायेंगे और मुक़ाबला करेंगे। **(अचानक निगाह अनामी पर पड़ती है। आंखों में वहशत भरी चमक आ जाती है।)** मिल गया। मिल गया।

सूत्रधार : कौन?

बाबू : वही। जिसको मैं ढूंढ़ रहा था । मेरी पार्टी बन जायेगी। **(अनामी के पास आ कर)** अपनी निशानी मुझे दे दो।

अनामी : क्या?

बाबू : **(दीनता से)** यह निशानी मुझे दे दो।**(धोती की तरफ इशारा करता हे।)** मेरी पार्टी बन जायेगी।

अनामी : **(घबरा कर)** नहीं।

बाबू : मैं तुम्हें मालामाल कर दूंगा। **(अधिकार से)** यह धोती मुझे दे दो। **(धोती उतारने को हाथ बढ़ाता है।)**

अनामी : **(धोती बचाता)** नहीं। नहीं। **(भागता है। पीछे पीछे बाबू भागता है। दोनों मंच पर एक चक्कर लगाते हैं। अनामी नेपथ्य में भाग जाता है। पीछे-पीछे बाबू भी जाता है।)**

सूत्रधार : **(दर्शकों को)** जायें देखें क्या हो रहा है वहां। **(नेपथ्य में प्रस्थान)**

(पत्रकार उठकर अपने कमरे के सामने आता है। नेपथ्य से हाँफता भागता अनामी आता है, और अचानक पत्रकार से टकराता है। अनामी समझता है कि वह भी उसकी धोती उतार लेगा। मुड़कर वह भागता है।)

पत्रकार : रुक जाओ। **(अनामी रुक जाता है)** इस तरह क्यों भाग रहे हो?

अनामी : **(कातरता से)** वह, वह मेरी धोती भी उतारे ले रहा है।

पत्रकार : तो उतार लेने दो।

अनामी : **(विस्मित)** क्या?

पत्रकार : उतार लेने दो। फिर मैं तुम्हारी फ़ोटो खींचकर अखबार में छापूंगा।

अनामी : तुम्हें शरम नहीं आती।

पत्रकार : शरम कैसी?

अनामी : धोती उतार के फोटो।

पत्रकार : आजकल तो सब कुछ उतार कर ही फ़ोटो खिंचाने का फैशन है।

अनामी : राम कहो...

पत्रकार : जो जितना बड़ा, वह उतना ही बड़ा नंगा। शरम-वरम तो असभ्य गंवार करते हैं।

अनामी : हम गंवार ही सही। हमारी आंख का पानी नहीं मर गया है अब तक। न नंगेपन का ढिंढोरा पीटते हैं **(जाकर अपने चबूतरे पर बैठ जाता है।)**

पत्रकार : अजीब घामड़ है।

सूत्रधार : **(प्रवेश करके)** भूल गये क्या?

पत्रकार : क्या?

सूत्रधार : कुबेर ने तुम्हें बुलाया है।

पत्रकार : बस जा हर रहा हूँ। **(भागता-सा कुबेर के कमरे की तरफ जाता है। सूत्रधार नेपथ्य में जाता है।)**

पत्रकार : क्या मैं अन्दर आ सकता हूँ।

कुबेर : आओ बैठो पत्रकार।

पत्रकार : आपका संदेशा मिला। मैंने कहा अहोभाग्य। बस भागता चला आया।

कुबेर : तुम्हारे प्रेस की क्या कीमत होगी?

पत्रकार : कुछ भी नहीं सेठ जी। मामूली सा प्रेस है। किसी तरह से रो-धो के अखबार निकाल लेता हूँ।

कुबेर : फिर भी?

पत्रकार : पुरानी मशीन है। आठ-दस लाख की होगी।

कुबेर : और तुम्हारी कीमत?

पत्रकार : जी?

कुबेर : बीस लाख?

पत्रकार : **(विमूढ़ सा)** जी!

कुबेर : पचास लाख? मैंन तुम्हारे प्रेस को खरीद लिया और तुम्हें भी।

कुबेर : पचास लाख नक़द लोगे या चेक से ? चेक में इन्कम-टैक्स का झगड़ा है। पचास लाख रूपया, तुम्हें तुम्हारे घर आज ही मिल जायेगा।

पत्रकार : **(अचानक समझ कर)** बहुत-बहुत शुक्रिया। शुक्रिया बहुत बहुत।**(खड़े हो कर झुकते हुऐ)** बहुत बहुत।

कुबेर : तो खड़े क्यों हो गये? प्रेस के मालिक तुम्हीं रहोगे और एडीटर भी...

पत्रकार : लेकिन छपेगा वही जो आप चाहेंगे। **(चापलूसी में हंसता है।)**

कुबेर : आज से हम तुम दोस्त हैं। हम अपने हर दोस्त को एक तोहफ़ा देते हैं। तुम्हें भी देंगे।

पत्रकार : जी शुक्रिया।

कुबेर : मोहिनी, हमारे दोस्त को जूता दो।

पत्रकार : जूता!! **(मोहिनी नेपथ्य में जाती है।)**

कुबेर : हमारी दोस्ती का प्रतीक।

पत्रकार : क्या! जूता?

कुबेर : हम अपने दास्त को यही देते हैं।

पत्रकार : जूते का तोहफ़ा? **(अपना सर सहलाता है।)**

कुबेर : घबराओ नहीं, जूता चाँदी का है।

(तब ही मोहिनी सोने का एक जोड़ा जूता लिए प्रवेश करती है।)

पत्रकार : **(सोना देख कर)** जी शुक्रिया। **(उत्तेजना में उठ कर)** बहुत बहुत। **(मोहिनी से दोनों हाथों से पुरस्कार की भांति जूता ग्रहण कर माथे से लगाता है।)** सेठ साहब,अगर आप आज्ञा दें तो अपने अखबार का नाम,

		नहीं नहीं, आपके अखबार का नया नाम रख दूं—जूता।
कुबेर	:	बहुत ख़ूब। तुम्हारा तो दिमाग़ चलने लगा? सत्संग से हमेशा लाभ होता है। एक नया अख़बार निकालो। उसका नाम रखो—चाँदी का जूता।
पत्रकार	:	जी शुक्रिया। बहुत-बहुत शुक्रिया।... **(खड़े हो कर)** बहुत...बहुत।

(कुबेर और पत्रकार जड़-दृश्य प्रस्तुत करते हैं।)

सूत्रधार	:	**(बीच रंगमंच पर आकर)** इस साल फ़सल अच्छी हुई थी। किसानों ने मंडियों में गल्ला भी बेचा था, फिर न जाने क्या हुआ, सब का सब गल्ला मंडियों से ग़ायब हो गया। वह धरती की किस कंदरा में समा गया, कोई पता नहीं लग सका। राजा के वफ़ादार सेवक भी नहीं। अनाज के अभाव में लोग शहर छोड़ कर गांव की तरह भागे और गांव वाले शहर की तरफ, किन्तु कहीं भी अन्न दिखाई नहीं पड़ा। **(कुबेर हंसता है।)** शायद उल्लू हंसा। उल्लू का हंसना अशुभ लक्षण है। वह होने वाली विनाश लीला का पूर्व संकेत है। **(कुबेर फिर हंसता है।)** उल्लू फिर हंसा।सुना अपने? ...लोगों ने वृक्षों को छाल और पत्तियों से नंगा कर दिया। फिर भी लोगों की भूख नहीं मिटी।

(नेपथ्य में नारे उभरते हैं—...राजा मुर्दाबाद)

सूत्रधार	:	यह आवाज़ सुनी। यह भूखों नंगों की आवाज़ है। जिस दिन फ्रांसीसी क्रान्ति प्रारम्भ हुई थी उस दिन सोलहवें लुई ने डायरी में लिखा था "आज कोई विशेष घटना नहीं घटी।" सत्य से अनभिज्ञ राजा ने भूखों नंगों की आवाज़ को गोलियों से कुचलने का आदेश दिया। **(राजा आदेश देने का अभिनटन करता है। गोलियों के चलने की आवाज़ सुनाई पड़ती है। किन्तु नारे रुकते नहीं अपितु और सशक्त हो कर सुनाई पड़ते है। राजा भयभीत होकर कुर्सी पर बैठता है और उसे**

दोनो हाथों से पकड़ता है।)

सूत्रधार : नारे नहीं रूके। राजा की गोलियां हमेशा की तरह भूखे नंगों की आवाज़ नहीं बन्द कर सकीं। राजा को अपना सिंहासन कांपता लगा। डूबती नाव से सब ही भागते हैं। सेनापति भी अपना पद त्याग कर विरोधी दल में जा मिला। और सुना है, किसी से कहियेगा नहीं, उस दिन उसने भी स्विटजरलैण्ड के बैंक में अपने भविष्य के बीमे की मोटी किस्त जमा की।

(अनामी को खांसी का दौरा)

सूत्रधार : **(दर्शकों से)** इसने फिर खांसना शुरू कर दिया।

अनामी : **(कराह में)** बाबू!

सूत्रधार : सत्ता के लिये संघर्ष तो सनातन से चलता आ रहा है, चलता रहेगा। अनामी की दशा ठीक नहीं लगती। **(अनामी के पास जाकर)** कैसी तबीयत है?

अनामी : **(रोकर)** बाबू। बाबू पांच दिन से एक दाना पेट में नहीं गया। बहुत भूख लगी है।**(खांसी का दौरा आता है, जिसे वह रोकने का प्रयत्न करता है, उसी मे हिचकी के साथ वह मर जाता है।)**

सूत्रधार : **(पुकारते हुए)** अनामी! अनामी! **(कंधे से हिलाकर)** अनामी! **(दर्शकों से, अति करूणा से)** अनामी मर गया।एक नामहीन व्यक्ति मर गया। **(दृढ़ता)** किन्तु यह साधारण मृत्यु नहीं है। यह हत्या है–हाँ हत्या। एक नामहीन व्यक्ति की हत्या उतनी ही जघन्य और क्रूर है जितनी ईसा, गांधी, किंग या कैनेडी की। कानून की अंधी अधिष्ठात्री की न्याय दृष्टि में सब व्यक्ति समान है, चाहे वह राजा हो या रंक। सदा का निश्चत नियम है–हत्या का दंड मृत्यु। अनामी कितना ही महत्वहीन व्यक्ति क्यों न हो, इसके हत्यारे को मृत्यु-दंड मिलने पर ही क़ानून की रक्षा होगी। हत्यारे को मृत्यु-दंड मिलना

ही चाहिये। (रुक कर) अब प्रश्न है– कौन है इसका हत्यारा? कौन है इसका हत्यारा?

सूत्रधार : (स्वर बदल कर) मैं जानता हूँ इसके हत्यारे को। मैं बताता हूँ इसके हत्यारे का नाम। इसका हत्यारा है–युद्ध।यह युद्ध, जिसमें मानव मूल्य विघटित हो गये। किन्तु युद्ध को कैसे सूली देंगे? युद्ध को कैसे फांसी पर लटकाया जा सकता है? (सोच कर) युद्ध के लिये उत्तरदायी लोगों को फांसी पर अवश्य लटकाया जा सकता है। अपराधी आप के सम्मुख हाज़िर किये जाते हैं।

सूत्रधार : (राजा की कुर्सी के पास खड़े होकर, अदालत के चपरासी के स्वर में) अनामी बनाम राजा हाज़िर हों। अनामी बनाम कुबेर हाज़िर हों। अनामी बनाम मोहिनी हाज़िर हों। अनामी बनाम बाबू हाज़िर हों।(राजा,कुबेर, मोहिनी, बाबू पत्रकार नाम पुकारे जाने पर आकर एक लाईन में दर्शकों की तरफ पीठ करके खड़े हो जाते है।)

सूत्रधार : (जज के स्वर में) मुलज़िम राजा, कुबेर, मोहिनी, पत्रकार, बाबू, शहादत सबूत से ज़ाहिर है कि तुम लोगों ने एकराय होकर मुसम्मे अनामी वल्द नामालूम, साकिन सब कहीं का खून किया। इस तरह ताज़ेरात हयात के तहत तुम पर दफ़ा 203 का जुर्म साबित होता है। तुम को कुछ उज्र या एतराज़ है? सफ़ाई में कुछ कहना है?

(सब अपराधी अपनी गर्दन झुका लेते हैं।)

सूत्रधार : (मंच पर आगे आकर, दर्शकों से, सरकारी वकील के स्वर में) जूरी के ऑनरेबिल मेम्बरान। मुजरिमों की गर्दनें झुक गईं। इन्हें जुर्म से इक़बाल है। मेरी सिफ़ारिश है कि इन्हें सज़ाये मौत दी जाये। सज़ाये मौत।

सूत्रधार : (स्वर बदल कर) लेकिन ज़रा ठहरिये। इनको फांसी पर लटकाने के पहले एक बार इनको गौर से देखिये। ज़रा गौर से देखिये। इनका वास्तविक रूप मैं आपको दिखाता हूँ।

(मोहिनी, राजा, कुबेर, बाबू, तथा पत्रकार एक साथ घूम कर दर्शकों की तरफ मुंह करते है। गगनिका पर बीहड़ भंयानक जंगल का स्लाइड-चित्र आ जाता है। इस बीच में वह पशुओं के मुखौटे पहन चुके हैं। राजा के चेहरे पर शेर का, कुबेर के चेहरे पर उल्लू का, बाबू चेहरे पर गधे का, पत्रकार के चेहरे पर गीदड़ का और मोहिनी के चेहरे पर लोमडी़ का मुखौटा लगा है। ये सब, अनामी के मृत शरीर के चारों ओर, अमानुषिक ध्वनियाँ करते हुये हिंस्र और पाशविक नृत्य करते है। नृत्य की गति धीरे-धीरे तीव्रतर होती जाती है। चरम पर अचानक नृत्य बंद हो जाता है। सब पशु जड़ हो जाते हैं। प्रकाश पशुओं से हट कर, सबसे ऊंचे स्तर पर खड़े सूत्रधार पर पड़ता है।)

सूत्रधार : इन अपराधियों में जब तक यह जानवर जीवित है, यह सभ्य संसार में जंगल के नियम तो प्रचलित करेंगे ही। हिंसा तो अनिवार्य है। युद्ध तो अवश्यंभावी हैं। इनको मौत की सज़ा देने के पहले यह तो सोचिये, यह जानवर आपके अन्दर भी तो है। (चुनौती से) तो क्या आपको भी मौत की सज़ा दी जाये? (स्वर बदल कर) आइये, हम सब अपने अन्दर के जानवर को, अपने मन की हिंसा को सज़ाये मौत का हुक्म सुनायें।

(यवनिका)